浙江省哲学社会科学规划课题研究成果

生态文明视阈中的民间信仰

——浙西南传统信仰习俗考察

张祝平◎著

暨南大學出版社
JINAN UNIVERSITY PRESS
中国·广州

图书在版编目（CIP）数据

生态文明视阈中的民间信仰：浙西南传统信仰习俗考察/张祝平著. —广州：暨南大学出版社，2013. 6
ISBN 978 – 7 – 5668 – 0556 – 0

Ⅰ. ①生…　Ⅱ. ①张…　Ⅲ. ①信仰—民间文化—研究—浙江省
Ⅳ. ①B933

中国版本图书馆 CIP 数据核字(2013)第 086675 号

出版发行：暨南大学出版社

地　址：中国广州暨南大学
电　话：总编室（8620）85221601
营销部（8620）85225284　85228291　85228292（邮购）
传　真：（8620）85221583（办公室）　85223774（营销部）
邮　编：510630
网　址：http：//www. jnupress. com　http：//press. jnu. edu. cn

排　版：广州市天河星辰文化发展部照排中心
印　刷：佛山市浩文彩色印刷有限公司

开　本：890mm × 1240mm　1/32
印　张：8. 25
字　数：207 千
版　次：2013 年 6 月第 1 版
印　次：2013 年 6 月第 1 次

定　价：28. 00 元

目　录

导　论　生态自觉：人类社会自在自为的必然

当历史将人类带入新千年的征程，人类社会文明形态的演进也走到了向新的文明形态跨越的历史转折点，即人类社会将进入一个新的文明阶段——“后现代”的生态文明时代。严格地说，人类文明的发展出现这一“历史性转折”，与世纪的更迭并无干系，也非完全出自人类的理性思考。换言之，这既是人类历史发展的被迫之举，是人类面对严酷的全球生态环境必须作出的唯一选择，也是人类社会由“自在”走向“自为”的明智之举。

一、社会发展的“自然陷阱”

在漫长的生物进化过程中，神奇的人类在自然界中脱颖而出，成为世间“万物之灵”。但无论人如何进化，都改变不了这样的事实：人类来源于自然界，又依存于自然界，永远是自然的有机组成部分。回溯人类社会发展史，其文明起源和历史演绎的路径清晰可辨。人类文明的第一阶段是原始文明，约在石器时代，历时上百万年。那个时期，人们必须依赖集体的力量才能生存，物质生产活动主要靠简单的采集渔猎，主要以石器为生产工具。从人与自然关系看，原始文明是人类完全被动接受自然的阶段，其特征是淳朴，但具有盲目性，对自然构不成伤害。第二阶段是农业文明，这是人类开始对自然进行探索、初步开发的阶段，历时近万年。农业文明时代的人们勤勉，但具有依赖性，靠天吃饭，随遇而安。这种以家庭为生产、生活单位，农业和家庭手工业结合的小农经济模式，虽然产生了生态问题，但对自然生态的负面作用是渐进的和有限的。总体来看，这一阶段人类与生物、环境之间是一种自然有序的协同进化关系。18 世纪英国工业革命开启了人类现代化生活，人类的发展进入工业文明时期，历时 300 年。工业文明以人类征服自然为主要特征，在此期间，人类虽创造了丰富的物质财富，但人与自然的不和谐关系日益严重。据有关资料统计，整个20世纪，人类消耗了约1 420亿吨石油、2 650亿吨煤、380亿吨铁、7.6亿吨铝、4.8亿吨铜。占世界人口15%的工业发达国家，消费了世界56%的石油、60%以上的天然气和50%以上的重要矿产资源。① 世界工业化的发展使人类征服自然的程度达到极致。我们很难想象，如果另外占世界人口85%的欠发达国家和地区也继续承袭发达国家的工业化之路，自然界将何以承载？事实表明，以这种近乎掠夺的方式使用自然资源，给人类自身当下生存和持续发展带来了严重的问题。工业文明的发展性很强，但可持续性很差，一系列全球性生态危机说明了地球再也没能力支持工业文明的继续发展。因此，需要开创一个新的文明形态来延续人类的生存，这就是生态文明。如果说农业文明是“黄色文明”，工业文明是“黑色文明”，那么生态文明就是“绿色文明”。②

人与其他自然存在物不同，人是有意识、有意志、能动的自然存在物，人并不是消极地依赖自然界生活，而是根据自身的需要利用和改造自然。同时，人类本身也在对自然的改造活动中不断发展自己。但是，我们必须注意到，人类与自然的关系是双向的，一方面，人类生存发展需要不断从自然界索取资源和空间，享受生态系统提供的服务功能，向自然界排放废弃物；另一方面，自然界也在对人类活动不断地作出反应，如资源环境对人类生存发展的制约、自然灾害、环境污染与生态退化等。恩格斯曾经指出：“我们不要过分陶醉于我们对自然界的胜利，对于每一次这样的胜利，自然界都报复了我们。每一次胜利，在第一步都确实取得了我们预期的结

① 姜春云：《跨入生态文明新时代》，《绿色中国》2009年第11期。

② 潘岳：《生态和谐观：构建社会主义生态文明》，新浪网，http://finance.sina.com.cn/roll/20061009/1524963888.shtml，2006年10月9日。

果，但是在第二步和第三步却有了完全不同的、出乎预料的影响，常常把第一个结果取消了。”① 马克思更尖锐地指出：“在我们这个时代，每一种事物好像都包含自己的反面。我们看到……技术的胜利，似乎是以道德的败坏为代价换来的。随着人类日益控制自然，个人却似乎愈加成为别人的奴隶或自身卑劣行径的奴隶，甚至科学的纯洁光辉仿佛也只能在愚昧无知的黑暗背景上闪耀。我们的一切发现和进步，似乎结果是使物质力量具有理智生命，而人的生命则化为愚钝的物质力量。”② 只不过，这些睿智的声音没能盖住大工业的机器轰鸣声，适时地引起人们的警觉。正值 19 世纪工业文明蒸蒸日上的时期，整个欧洲因征服自然的胜利极度膨胀，为改变人的物质生活而对大自然更加肆无忌惮地掠夺，这成为人们乐此不疲的时代风尚。就在人类竭尽所能征服自然和忘乎所以地享受物质财富之时，水源、空气、土壤正受到严重污染，大量的动物和植物变成了濒危物种乃至灭绝，土地荒漠化，森林和湿地迅速减少……人类逐步落入一个大自然的陷阱，饱尝着为永不满足的物欲而向自然开战和无节制的索取所造成的恶果。

人类改造自然的目的在于促进天人和谐，使人的生活更加美好，但事与愿违，大自然早已在无情地报复人类。总结历史经验不难发现，世界上的一些古代文明发祥地，如古埃及、古巴比伦、古地中海和印度恒河文明、美洲玛雅文明等之所以消亡衰落，其中一个共同的原因就是对自然环境的过度破坏。过度砍伐森林、过度放牧、过度垦荒和盲目灌溉等，使广袤的森林、草原植被遭到毁坏，河道淤塞，水土流失加剧，土地沙化、盐碱化，肥沃的土壤遭到侵

① 《马克思恩格斯选集》（第 4 卷），人民出版社 1995 年版，第 383 页。
② 《马克思恩格斯选集》（第 1 卷），人民出版社 1995 年版，第 775 页。

蚀、剥离，失去了作物生长所需的大量矿物质营养，于是随着土地生产力的衰竭，它所支持的文明也就必然日渐衰落、消亡。[①] 近代以来，一些工业文明的先行国家以破坏环境为代价谋求发展，结果造成了灾难性后果，如比利时马斯河谷烟雾事件、美国多诺拉烟雾事件、英国伦敦烟雾事件、美国洛杉矶光化学烟雾事件、日本水俣病事件等，对人们的生命健康造成了严重损害。我国社会发展的历史也遭遇过一些“自然的陷阱”，比如黄河文明的兴盛与衰落，其根源也在于自然生态系统的繁茂与破坏。[②]

人类亿万年的历史表明：“顺自然生态规律者兴，逆自然生态规律者亡”，古今中外概莫能外。然而，历史的经验似乎并没有成为当代社会发展的前车之鉴，人与自然的关系似有更趋紧张之势。近年来，雾霾、水荒、荒漠化、滥砍滥伐、环境污染以及全球气候变暖等问题不断加重，地震、旱灾、洪水等自然灾害频发，不少人因此流离失所，甚至背井离乡，全球范围内环境灾民的数量持续上升。环境灾难不但会造成房屋损毁、粮食短缺、水土流失等后果，而且还会令部分灾民感染疾病，受到一定程度的心理创伤，造成失业甚至失去生活来源。[③]

① 姜春云：《跨入生态文明新时代》，《绿色中国》2009 年第 11 期。

② 杨慧：《生态文明——一种发展理念的觉醒》，《贵州日报》2008 年 11 月 5 日。

③ 翟子赫：《环境灾难：一个需要全人类共同面对的困境》，新华网，http://news.xinhuanet.com/photo/2012-06/22/c_123319970.htm，2012 年 6 月 22 日。

下面，列举几起新世纪以来发生在我国境内的环境污染事件：

沙尘暴世纪警告[①]

在世界进入21世纪的第一天，当人们还沉浸在新年到来的欢乐中，一场沙尘暴悄然袭击了北京，像是一个警告，又像是一个预言：环境问题将更为严重地威胁进入21世纪的人类。

沙尘暴，长途奔徙的环境杀手。20世纪末以来，沙尘暴愈加肆虐无度，经常整天尘沙漫天，使一切都笼罩在沙尘之中，真是触目惊心。20世纪90年代，我国在沙尘治理方面已经取得了不可小觑的成就。50年代北京平均沙尘暴日数、扬沙日数和浮尘日数分别是90年代的8倍、14.5倍和3.2倍。但到了2000年春季，强沙尘次数却陡增，达到90年代历年同期的3倍以上。

2010年4月24日傍晚，甘肃省民勤县出现特强沙尘暴天气[②]

① 城南：《沙尘暴世纪警告》，《地球村周刊》2001年1月11日。

② 晋永权：《沙尘暴来了》，《中国青年报》2010年4月28日。

沙尘暴古已有之，内蒙古的牧民称之为“黄毛风”，但它近些年才频繁出现。据内蒙古的林业专家分析，造成沙尘暴的原因中，人为活动占了70%，人为活动主要包括过度放牧和草原开垦。于是，“杀牛羊，保北京”的呼声也随之而起。在内蒙古人听来，这样的声音不免刺耳，畜牧业是内蒙古的经济支柱之一，杀了牛羊，牧民怎么生活呢？

内蒙古草原大旱渴死牛羊50万　3 200多万头牲畜受灾①

高温干旱的天气令内蒙古草原的生态环境和牧业经济遭到前所未有的破坏和打击，广大牧民对灾害的承受能力降到最低限度。

据自治区农业部门统计，全区可利用草场90%以上受旱，有3 100多万公顷草场未能在春夏返青，3 200多万头牲畜受灾，死亡近50万头。著名的锡林郭勒大草原位于北京市正北方，是我国最主要的畜牧业生产基地之一。从前每到夏天，这里碧草连天，牛羊满地。由于当地水草丰美，所产的苏尼特羊肉质鲜美，被北京东来顺饭店列为首选羊肉。然而，当记者日前踏上这片草原时，却发现这里既没有草，也很少看到牛羊，只剩下干燥的风裹着沙砾将人脸刺得生疼。放眼望去，零星点缀着枯草根的黄沙地连到天边，偶尔会看到骨瘦如柴的死羊躺在沙地上。大风起时，黄沙遮天蔽日，仿佛来到大漠戈壁。

① 赵戎：《内蒙古草原大旱渴死牛羊50万　3 200多万头牲畜受灾》，《北京晨报》2001年8月18日。

原始森林在哭泣①

郁郁葱葱的热带雨林，绿树掩映的傣家竹楼，身姿婀娜的傣家少女沐浴在夕阳染红的澜沧江，犹如孔雀在翩翩起舞……这是享有“绿色明珠”美誉的云南省西双版纳给人的第一印象。然而近日，记者却接到这样的消息，称“当地原本林木茂密的山头和坡地，被剃成了难看的‘秃头’，一片片原始森林在没有办理任何采伐手续的情况下被砍伐，树木运不出去就直接焚烧。圈地毁林，给当地的生态带来了巨大的影响……”

从西双版纳景洪市往景讷乡走，一路上看到的全是光秃秃的山头，树木横七竖八地倒在一旁，还冒着滚滚浓烟。“近几年因为橡胶价格飞涨，整个西双版纳开始大规模毁林种胶。树木砍倒后运不出去，就只有放火烧掉，同时还能做橡胶林肥料，我们这里又回到了‘刀耕火种’的原始社会了。”客车司机说。

进入景洪市景讷乡丫口寨村，记者碰到了来反映情况的村民。“以前山上都是密密匝匝的参天林木，亚洲象、马鹿等野生动物非常多，气候也非常好，河水又清又甜。现在，大片的原始森林被砍

① 储皖中、王晓斌：《村民连水都快喝不上了——西双版纳热带雨林在哭泣》，《法制日报》2008年6月27日。

光、烧光，别说野生动物，连鸟都没有了，我们甚至连水都快喝不上了。”村民们说。……

干旱仍将持续[1]

2010年，云南遭遇百年一遇的全省性特大旱灾，干旱范围之广、时间之长、程度之深、损失之大，均为云南省历史罕见。云南大部、贵州西部和广西西北部已达特大干旱等级，其中楚雄市尤为严重，20余万农村人口缺水。

“昆明又有很久不下雨了。”专家预计，2013年云南将会继续干旱，甚至明后年还将持续，干旱将成为云南最主要的气候灾害。国际水历史学会主席、国家水利部水文化专家委员会副主任、云南省社科院院长助理、研究员郑晓云在“历史智慧与当代水治理”国际学术会议上表示，根据各大水库的需水量和降雨量来看，尤其是各大水库需水量比常态时少很多，由此可以判断2013年云南干旱将成定局，应倡导广大居民节约用水。

云南干旱[2]

① 刘超：《云南今年继续干旱》，《春城晚报》2013年1月31日。

② 百度百科，http：//baike. baidu. com/view/3354844. htm。

昆明主城供水水源地主要有松华坝、云龙、宝象河、大河、柴河等 9 个水库，可供水量共计为每年 39 754 万立方米。云南省水文水资源局昆明分局高级工程师崔松云表示，随着社会经济发展和人口的增加，在供水水源不变的情况下，到 2015 年，昆明主城缺水量将达 6 516 万立方米；到 2020 年，昆明主城供水量将严重不足，缺水量将达到 13 145 万立方米。

"过去 4 年云南连旱，这是气候的常态表现，因此防治干旱也是一个长期过程，不能因为雨季到来而停止抗旱。"郑晓云说，防治干旱不仅仅是修几座水库水窖而已，它涉及制度保障、工程技术、节水文化等，是一项系统工程，尤其是需要政府创造一种节水文化，从根本上提高节水意识。

郑晓云说，据统计，截至 2012 年雨季，全省就有 400 多条河流因为干旱而断流干涸。如何修复因干旱而带来的生态环境破坏，云南应认真思考，积极抓住国家层面的机遇，进行生态补偿与修复。

历史的经验和西方工业化先行国家环境污染的教训似乎并没有成为我们的前车之鉴。以上所列举的 21 世纪以来发生在我国境内的环境污染事件，件件触目惊心，然而环境破坏的悲剧却似乎并没有停止，仍然在一场又一场地上演，重蹈历史覆辙。追根溯源，我们总能找到现代社会唯物质主义的发展理念及其对民众生产、生活方式，习俗、观念和传统理性冲击裂变的因素。因此，有学者认为，所谓"大自然的陷阱"，说到底，都是人们自己掘就的！①

① 江帆：《生态民俗学》，黑龙江人民出版社 2003 年版。

二、民间信仰生态意蕴的现实观照

生态意识是一种反映人与自然环境和谐发展的新的价值观，首先倡导于西方。19 世纪 30 年代，美国科学家奥尔多·利奥波德（A. Leopold）在其《大地伦理学》中最早提出“生态意识”（environment awareness）的概念，也译作“环境意识”，他指出：“没有生态意识，私利以外的义务就是一种空话。所以，我们面对的问题是，把社会意识的尺度从人类扩大到大地（自然界）。”[①] 20 世纪 60 年代，美国学者罗斯提出了环境素养（environmental literacy）的概念，其含义与环境意识的含义极为接近，实际上，环境素养可以认为是环境意识的同义词。有学者认为，最早提出规范意义上的生态意识概念的是苏联学者 B. 基鲁索夫，他 1983 年明确提出“生态意识”术语，认为“生态意识是指根据社会和自然的具体可能性，最优解决社会和自然关系问题方面反映社会和自然相互关系问题的诸观点、理论和情感的总和”[②]。其实，国际社会对生态问题的关注与反思肇始于 20 世纪 70 年代。西方社会曾爆发过一场生态学运动，触发了席卷各工业发达国家乃至波及整个世界的绿色风

---

① 赵爽、杨波：《兰州市民环境意识调查研究与对策》，《北京邮电大学学报》（社会科学版）2007 年第 5 期。

② 包庆德：《生态哲学视野中的生态意识与环境教育》，《中国地质大学学报》（社会科学版）2008 年第 3 期。

波。经过十几年的启蒙、论争和风风雨雨，这场绿色风波非但没有烟消云散，反而导致了生态科学大步走向社会化。它的思想、观念和见解不仅被众多的学科所吸收、借鉴，向世界各国辐射开去，而且被世界公众普遍接受和承认，甚至当初曾激烈反对这门学科的人士也不得不调整自己的态度和立场。这场运动终于在80年代末的欧洲孕育出一个“绿色市场”。20世纪90年代以来，面对着日益严重的全球性生态危机，我国的学者开始关注研究生态意识的范畴，并对此相关的思想内容展开讨论。如今，“生态”这个学术名词已渐渐成为当代社会民众日常生活中频繁出现的一个词语。同时，“生态学”这门有着百余年学科发展史、自创建以来并不惹眼的学科，也迅速崛起并大步走向了社会化。从国际上来看，在各种生态学思潮中影响较大的主要有生态马克思主义（生态社会主义）、深生态学、生态女性主义等，它们立足于调整和改变理性的宰制性特征，倡导绿色理性。这样，人类“才能开始珍视这个世界上的文化和生命那无可估量的丰富性和多样性，与其他生命一起参与到生活的伟大对话中来”①。这不仅唤醒了公众的环境保护意识，而且使生态学成为显学，对人类文明的发展及生态文明时代的到来有着直接的推动作用。②

文化是人类在适应自然环境的过程中逐步形成的，民族民俗文化与自然生态环境一直处于一个互动的过程。人类民族的产生、文化的形成、民俗的生成与其生存的生态环境有着不可忽视的复杂联系：一方面，自然环境对民族民俗文化的生成与演化过程具有明显

① ［澳］薇尔·普鲁姆德著，马天杰、李丽丽译：《女性主义与对自然的主宰》，重庆出版社2007年版，第196～197页。

② 于文秀：《生态文明理论研究的国际视野》，《光明日报》2011年1月4日。

的制约与影响作用；另一方面，民族民俗文化在生成与演化过程中，又对自然环境产生能动性的作用与影响，使自然面貌发生不同程度的改变。这样，就形成了两者内在的相互作用与相互影响的关系。

“十里不同风、百里不同俗”，各地特定的生态环境生成了特定的民俗文化，各地不同的民俗文化也都带有其生存的自然环境的深深印记。民间信仰是原始先民出于对自然的不认识、恐惧心理以及在生活中产生的一系列愿望而自发形成的有关神灵崇拜的观念、行为、禁忌、仪式等习俗惯制的精神民俗。各地信仰民俗中都包含了先民朴素的生态意识，反映了原始先民逐渐萌生的“天人合一”、“万物有灵”的自然生态观念。这种朴素的生态观积淀为人类文化的生成因素，被一代又一代地传承下来，构筑成人与自然和谐相处的思想基础。恰如美国人类学家露丝·本尼迪克特所说：“谁也不会以一种质朴原始的眼光来看世界，他看世界时，总会受到特定的习俗、风俗和思想方式的剪裁编排，即使在哲学探索中，人们也未能超越这些陈规旧习，就是他的真假是非概念也会受到其特有的传统习俗的影响。”① 浙西南众多的民间信仰习俗都能涉及民众对于人与自然关系的认识。虽然这只是一种自发的、朴素的生态意识，

---

① 转引自康琼：《自然的崇拜与禁忌——解读民族民俗中的生态伦理精神》，《伦理学研究》2009 年第 5 期。

却以或隐或现的方式在人们的生活中传承，并成为民众处理自身与自然关系的基本准则和行为标准，制约着民众对自然的态度和行为。

当今世界，生态危机日益加剧，人类将面临更加频发的残酷自然灾难的威胁。诚如众多生态思想家所指出的，人类当今的生态危机实质上是文化的危机，是宗教的危机，是人类在世界观和价值观的选择上出现了问题。① 从一定意义上说，作为中国本土性的长期植根于民间且具有一定宗教色彩的传统信仰习俗最能体现人类与大自然之间与生俱来、密不可分的精神关联，其对整个民俗文化系统的形成与发展有着不可低估的建构和影响作用，在民族民俗文化中或隐或现地体现出朴素的自然生态观念。而民间信仰存活于民间，贴近人们的生活，其中积极的生态观念一经科学阐释，就更便于传播，更易于让人接受。这样，一方面有利于我们正确认识和弘扬优秀的民族传统文化；另一方面，还可以增强民族间的交流和团结，利于社会的和谐稳定。生态学包含一种科学的思维方法、一种科学的世界观和方法论，与人们的日常生产和生活活动休戚相关。从生态学的角度重新审视传统民间信仰问题，认识人与自然的关系，关注人与其产生

① ［英］汤因比、［日］池田大作著，荀春生、朱继征等译：《展望21世纪：汤因比与池田大作对话录》，国际文化出版社1996年版，第30～34页；［美］唐纳德·沃斯特著，侯文蕙译：《自然的经济体系：生态思想史》，商务印书馆1999年版，第47～49页；［德］莫尔特曼著，曾念粤译：《俗世中的上帝》，中国人民大学出版社2003年版，第102页。

的文化及支撑文化的生态环境之间的关系，这无疑是具有现实意义的。

在我国，“民俗”一词古已有之，《礼记·缁衣》中就有：“故君民者，章好以示民俗。”《汉书·董仲舒传》：“变民风，化民俗。”而以“民俗”作为专门的学科术语，则是对英文“folklore”的意译。英国学者威廉·托马斯1846年以撒克逊语中的“folk”（民众、民间）和“lore”（知识、学问）合成并创用这个新词——folklore，既指民间风俗现象，又指专门研究这种现象的学问。① 作为精神民俗的民间信仰，在早期人类学家爱德华·伯内特·泰勒的著作《原始文化》和詹·乔·弗雷泽的著作《金枝》中被称为“原始的文化”。爱德华·伯内特·泰勒将“万物有灵论”（对万物的个体灵魂以及自然显灵的信仰）这一术语带回常用语中，他认为万物有灵论是宗教发展的第一个阶段。② 詹·乔·弗雷泽在其著作中对史前社会原始人灵魂观念作了具体描述和说明，认为灵魂观念是原始人认识世界的一种方式，与原始文化的许多具体概念紧密相关，表现了原始人期望认识自身和解释世界的强烈愿望。③ 在此之后，很多人类学家都对原始人类的思维进行了研究，探讨原始信仰的形成、发展。S. 弗洛伊德在其著作《图腾与禁忌》中指出，图腾观念来自“万

---

① 王思颖：《谈对民俗的认识》，《兵团教育学院学报》2008年第3期。

② 陈江进：《蒙昧时代的心身问题——从〈金枝〉看原始人的灵魂观念》，《宝鸡文理学院学报》（社会科学版）2002年第2期。

③ 《性文化解说“什么是性禁忌”》，星岛环球网，http：//www. stnn. cc/，2011年7月12日。

物有灵”的原始信仰，禁忌是由于人们在疑虑和恐惧中，在生存本能驱使下，为避免招致惩罚与灾难而在观念与行为上给予人类禁忌和限制。他认为，禁忌的心理缘由有二：一是被禁忌物的神圣和不可侵犯性，二是被禁忌事物的离奇、危险和邪恶性。① 英国人类学家马林诺夫斯基在名著《巫术科学宗教与神话》中基于自己的田野调查资料，从客位视角出发重新阐释了原始信仰。他认为：“初民是在一切之上要去控制自然以切实用的；然其控制狂欢，乃是直接去办，是用符咒仪式强迫风与气候以及动物、禾稼等遵从自己的旨意，在很久以后，他才发现巫术不能偿其所愿，于是有所戒惧或希望，有所祈祷或反抗，于是乞灵于较高能力，乞灵于魔鬼、祖灵或神祇。”②

自从20世纪中国引进并创建了现代学术体系之后，中国民间信仰研究便成为多个学科的关注对象。中国民间信仰的民俗学研究取向，发端于20世纪二三十年代。其中较具代表性的如顾颉刚所著的《妙峰山》、容肇祖所著的《迷信与传说》、江绍原所著的《中国礼俗迷信》、杨得志所译的 *Charlotte Sophia Burne*（《民俗学问题格》）等，在当时都具有相当的影响力。在当代，随着西方民俗学、人类学新理论的不断传入，中国民俗学也进入了一个复兴和发展的时期。许多学者运用历史文献、出土文物、田野调查等多重证据法对民间信仰进行研究，更多地关注信仰与人本身关系的研究，产生了一系列理论成果。如钟敬文主编的《民俗学概论》、乌丙安所著的《中国民俗学》、张紫晨所著的《中国民俗与民俗学》、陶

---

① ［英］马林诺夫斯基著，李安宅译：《巫术科学宗教与神话》，转引自杨静荣、刘志雄：《龙之源》，中国书店出版社2008年版。

② 《龙之源——原龙纹出现的文化历史背景》，新浪网，http://book.sina.com.cn/new/nzt/vip/69989/55261.html，2008年9月1日。

立璠所著的《民俗学概论》、宗力和刘群主编的《中国民间诸神》、金泽所著的《中国民间信仰》、宋兆麟所著的《巫与民间信仰》、姜彬主编的《吴越民间信仰民俗》和《稻作文化与江南民俗》、何星亮所著的《中国自然神与自然崇拜》、林国平和彭文宇合著的《福建民间信仰》、范荧所著的《上海民间信仰研究》、顾希佳所著的《东南蚕桑文化》、王荣国所著的《海洋神灵：中国海神信仰与社会经济》、王元林所著的《国家祭祀与海上丝路遗迹：广州南海神庙研究》、王建新和刘昭瑞合编的《地域社会与信仰习俗：立足田野的人类学研究》等，还有如刘魁立主编的“中国民间文化丛书”、“中国民俗文化丛书”、“中国少数民族宗教与文化丛书”，高占祥主编的“中国俗文化丛书”，金开诚主编的“中国文化知识读本”，李小云等主编的“社会主义新农村建设丛书”等，都从民俗学或人类学的视角对传统信仰习俗的发生、发展及其与经济社会的关系进行了深入阐述。这些研究成果对于我们了解中国民族民俗文化尤其是民间信仰有很大的帮助，也为我们研究中国民间信仰提供了丰富的借鉴材料。①

① 有关现代中国民间信仰研究的主要成果评述、现状和学术等，陈进国先生在《民俗学抑或人类学？——中国大陆民间信仰研究的学术取向》一文中进行了详尽的阐述，极具参考价值。文章刊载于中国社会科学网，http：//www. cssn. cn/news/158903. htm。

但从总体上看，在国内专家学者现有的研究成果中，从民众生活和信仰习俗历史传统的角度探讨人类与生态环境关系的研究，却相对较少。宋蜀华是较为关注民族生态问题的学者之一。1993 年，宋先生撰文《我国民族地区现代化建设中民族学与生态环境和传统文化关系的研究》，其中介绍了生态民族学，文中指出：生态民族学“是从生态学角度研究民族共同体及其文化与其所处自然生态环境之间的关系的学科，亦即研究族体与生态环境相互影响的特点、方式及规律，并寻求合理地利用和改造生态环境的方式。它的研究领域包括民族的生产、生活方式、习俗信仰、行为及道德标准等物质文化和精神文化因素与生态环境的关系，自然也就包括探讨自然资源的开发与生态系统循环的关系和寻求保持生态平衡的正确方法，揭示生态系统的运行规律以及阐明生态和文化的相互渗透性等”①。1996 年，宋先生在前期研究基础上，发表了论文《人类学研究与中国民族生态环境和传统文化的关系》，论述了生态环境与民族发展繁荣、民族文化的关系。文中指出，“在我国这样一个多民族、多种生态环境和多元文化的国家里，各民族在适应和改造他们所居住的地理生态环境过程中，各民族地区的面貌日新月异，但前进过

① 宋蜀华：《我国民族地区现代化建设中民族学与生态环境和传统文化关系的研究》，中国民族学研究会编：《民族学研究》（第十一辑），民族出版社 1995 年版。

程中的问题随之产生，其中一个重要问题即传统文化与现代化的关系矛盾和调适问题。两者都和维护民族地区的生态环境，即维护各民族独具特点的生存空间有关”①。乌丙安先生在1994年发表的《生态民俗链和北方民间信仰》一文中初步提出了从生态民俗文化的视角来考察中国民俗文化的思路，后来在《生态民俗链——中国生态民俗学的构想》一文中又对中国生态民俗研究提出了一些构想，并从生态民俗的视角，就植物生态民俗、动物生态民俗、自然周期的生态民俗、人类在食物链中居统治地位的生态民俗等论题阐释了中国生态民俗研究的重要价值及其现实意义。② 近年来，生态民族学的课题已开始受到民族学研究的重视，由宋蜀华、白振声主编的一本民族学教科书——《民族学理论与方法》，列出专节介绍了民族学与生态学。杨庭硕等所著的《民族、文化和生境》则以较大篇幅论述了民族与生态保护问题。当然，这些著作都只是笼统地介绍生态民俗的理论，对于具体民族民俗文化中的有关生态民俗的研究很少。在涉及民俗生态专题研究的著作中，比较突出的是江帆著的《生态民俗学》③，她以一种全新的理论视角，颠覆了以往那种将人类从自然界中“分离”出去、将人类视为自然界的主宰的传统自然观，以整体论的自然观把人类的生存行为纳入生态系统重新审视，在现代生态观念的统摄下，将民俗学与生态学的理论交叉应用，从生态学的视角审视民俗文化，从民俗学的视角反观生态环境，以大量鲜活的人类学、民族学、民俗学田野调查资料，在人类

① 宋蜀华：《人类学研究与中国民族生态环境和传统文化的关系》，周星、王铭铭主编：《社会人类学讲演集》，天津人民出版社1997年版。

② 乌丙安：《生态民俗链和北方民间信仰》，《民俗研究》1994年第1期；乌丙安：《生态民俗链——中国生态民俗学的构想》，《科学中国人》2002年第10期。

③ 江帆：《生态民俗学》，黑龙江人民出版社2003年版。

行为与所处生境的深广背景之下，对人类的生存活动与生态环境的双向性关系进行了深刻的反思与独到的探究。在此基础上，提出了构建与自然界相生相谐的“绿色民俗”理念。[①] 这对于丰富中国民俗学的理论体系，推动民俗学的理论创新，无疑是重要的。然而，它毕竟是对整个民俗文化整体的概述，没有对信仰习俗中的生态意识进行详尽的分析。从目前研究现状看，以生态民俗的角度入手，对民间信仰中的生态文化整体进行系统、全面研究的著作和论文也为数不多，大多只是涉及信仰民俗中很少的一部分。

本书鉴于前人研究的成果，试图在民俗文化研究和生态文化研究的宏观把握下，以生态学的视角，从民俗文化入手，透视和剖析传统民间信仰的生态本原性、生态内质及当代意义，用理性的思维审视和探寻浙西南民间信仰文化中的生态价值理念，让这些长期存在且世代传承的生态文化观念以焕然一新的面貌服务于当代社会。

三、相关概念解读

1. 民间信仰

民间信仰是我国传统文化、民俗文化、宗教文化的重要构成，自古以来，它普遍存在于社会生活的各个方面。中国传统民间信仰（folk belief/popular religion）是一个比较宽泛的概念，其内容和形式都很丰富，但不系统，通常不容易给其下一个定义。从广义的角度看，有学者认为民间信仰指的是民众的一切超自然崇拜行为，所有的宗教都是对超自然力量的崇拜，因此民众无论是独尊真主、上

① 益众：《生态文明时代的民俗价值观重构——〈生态民俗学〉述评》，《理论界》2010 年第 2 期；江帆：《生态民俗学》，黑龙江人民出版社 2003 年版。

帝还是信仰佛陀、神仙，都可以称为民间的信仰。[①] 而本书所要讨论的是狭义的民间信仰，它专指几大正式的宗教之外的民众的超自然崇拜行为。目前，民间信仰的研究多是指狭义的民间信仰，但对它的界说也因不同的研究视角和研究取向而存在一定的差异。

民间信仰流传于广大群众之中，因此有的学者从信仰的流传范围来界定它，比如乌丙安认为“民间信仰是在民间广泛而普遍存在的日常信仰事象”；罗伟虹认为“民间信仰是流传于中国民间的一种信仰心理和信仰行为”；而金泽则认为“民间信仰是根植于老百姓当中的宗教信仰及宗教的行为表现”。有的学者从信仰的主体、对象、范畴等方面对民间信仰进行界定，如李亦园先生明确提出了信仰的神灵对象是“神、祖先和鬼”，信仰仪式活动包括“庙祭、家祭、墓祭、岁时节庆、人生礼仪和象征等”。赵世瑜先生认为“民间信仰是指普通百姓所具有的神灵信仰，包括围绕这些信仰而建立的各种仪式活动”。也有学者从组织化程度来解读，如罗伟虹认为民间信仰是：“没有教规、组织团体、教职人员，缺少系统宗教所必备的诸种要素，但从其有神论观念和对超自然现象的崇拜来看，民间信仰与宗教仍是一脉相承，是宗教的一个层次或是一种准宗教现象。”[②]

1998 年钟敬文先生主编的《民俗学概论》一书提出民间信仰“是在长期的历史发展过程中，在民众中自发产生的一套神灵崇拜观念、行为习惯和相应的仪式制度”[③]。作为概念，这样的表述是较为完整的，它包括了民间信仰的主体——“民众”，信仰对

---

① 陈瑶：《民间信仰的复兴与社会适应》，广西大学硕士学位论文，2005 年。

② 上述对民间信仰概念的界定，可参见代姗：《农村宗教复兴的社会基础研究》，http：//www. fjdh. com/wumin/2010/04/071656110375. html，2010 年 4 月 27 日。

③ 钟敬文：《民俗学概论》，高等教育出版社 2010 年版，第 145 页。

象——“神灵”，信仰的范畴——“观念”、“习惯”和“仪式”，并且还指出了民间信仰是“自发产生”，这就与人为的系统宗教相区别。

从已有的定义来看，学者们较一致地认为民间信仰的前提是具有神灵信仰的观念以及相应的仪式制度，但是对民间信仰的主体范畴则存在分歧。长期以来，研究民间信仰的学者都把这一民俗事象归结为农民所专有。例如，李亦园先生就说这“尤其是农民中间的”信仰。随着研究和认识的深入，民间信仰的主体逐步扩展到下层人民和普通百姓。一个明显的事实是，在传统中国，信仰民间各路神灵的并不只是下层的百姓，地主、商人、达官显贵甚至皇帝也是这些神灵的崇拜者，因而，所谓“普通百姓的信仰”，其实是涵盖不了民间信仰的宽泛主体的。

民俗学的原本含义是“民众的知识”或“民间的智慧”（the lore of folk），作为科学名称可直译成“关于民众知识的科学”。那么，谈及民间信仰，“民间”的“民”是指哪部分人？19 世纪 40 年代英国民俗学者提出“民”是指“农民”，而后又出现“民”是指“乡民为主的国民”、“野蛮人”、“平民”、“乡下人与部分城市人”、“劳动人民”、“种族”、“民族”等说法。到20世纪60年代美国民俗学者阿兰·邓迪斯提出这个“民”应指社会中任何人的群体，只要它有自己的传统就可以。[①] 此说为大多数研究者所接受。近年来，我国的民俗学者对此又有所补充，认为这个“群体”应该指能负载或分享民俗文化的群体以及群体中的人，可称“俗民”。此“群体说”被当前许多研究者认可，但该如何进行分类呢？当然可以血缘、地缘以及行业、职业等传统分析法来划分，笔者还认为应从当前社会发展过程中出现的新阶层分化角度去考察。对于这一新动向，至今尚未见有论著出现。[②] 笔者以为，用“民众”这一中性的词来概括分析民间信仰这一民俗文化的群体还是较为妥当的。

界定民间信仰，还应注意它的功利性特点。民间信仰的所有事象活动都是与民众的切身利益密切相关的。比如，供奉财神是为求发财，拜观音是为求子嗣，拜药王是为治好病，天旱了求龙王降雨，水涝了向河神上供等。其满足个人现实愿望的功利性目的是中国民间信仰区别于人为宗教的一个较为突出的特征。

国外研究民间信仰的学者，倾向于将民间信仰作为中国人的一种宗教，有时还将民间宗教（民间教派）视为其分支。笔者不认同民间教派属于民间信仰的主张，毋宁称其为“泛化宗教”，这是一种独特的宗教信仰文化。它是以信仰为核心并包括各种禁忌在内的反映在心理上的习俗，即“民众中自发产生的一套神灵崇拜观念、行为习惯和相应的仪式制度”[③]。

---

① 高丙中：《民俗文化与民俗生活》，中国社会科学出版社1994年版，第10～27页；路遥：《中国传统社会民间信仰之考察》，《文史哲》2010年第4期。

② 路遥：《中国民间信仰研究刍议》，《中国社会科学院报》2009年6月16日。

③ 王守恩：《诸神与众生：清代、民国山西太谷的民间信仰与乡村社会》，中国社会科学出版社2009年版。

2. **迷信与俗信**

（1）概念内涵。

宗教与迷信是一个古老的问题，又是一个复杂的社会问题。按照《辞海》对民间信仰的界定，其内容“包括民间普遍的俗信以至一般的迷信”。“迷信”与“俗信”作为民间信仰的两大领域，相互联系又彼此离异，一直以来，人们很容易将迷信与信仰相混同。其实，“迷信”是一个内涵和外延都很不确定的概念，到目前为止，国内仍没有统一的关于“迷信”的定义。在对迷信进行研究的过程中，我国许多专家学者从不同角度对迷信的定义作了概括。[①]如有的学者认为：迷信是从许多原始活动中残留下来的意识和手段，它不仅是对事物因果的歪曲荒诞的认识，而且也是反科学的歪曲并破坏社会生活的行为；有的认为迷信是对压迫人们的自然力量的恐惧、屈服、神化和崇拜，是一种低级的落后的社会心理，是一种反科学的力量；也有的认为迷信是人们对自身的命运、运气（走运和倒霉）的一种非理性的信仰和活动，迷信在本质上是对命运的一种信仰，迷信的对象、意义和效用都与人的命运有关，由于人的命运是变幻莫

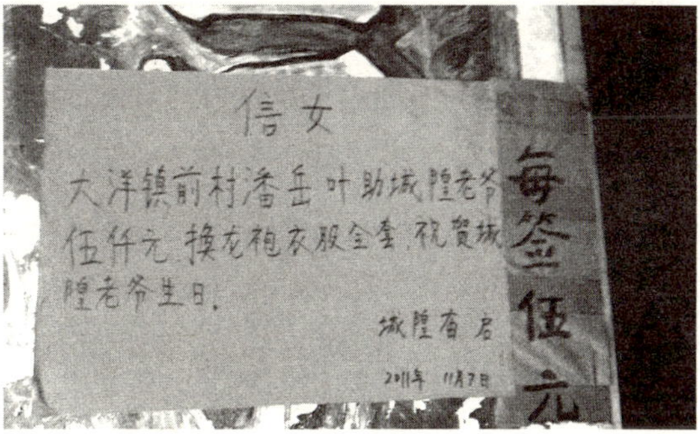

① 下面关于迷信的表述和观点可参见熊哲宏：《现代迷信的本质、特征和根源》，《华中师范大学学报》（人文社会科学版）1991 年第 3 期。同时也可参见张树卿：《宗教与迷信的区别》，http：//www. fjdh. com/wumin/2010/03/07113699470. html。

测的、不可预见的和难以驾驭的，理性（包括科学）在这里往往无能为力，而非理性的迷信却能弥补理性之不足，有助于人们把握命运、获得幸运和避免倒霉。1940 年 9 月，胡乔木在《中国青年》第 2 卷第 11 期上发表了《反迷信提纲》一文，其中指出："迷信的名堂多得很，数也数不完，但是总起来看，迷信的根本特点就是相信神仙鬼怪、命运灵魂等超自然、超物质的东西的存在，相信这些东西支配着天地日月、风雨雷电、水火木石、舟车门灶、生老病死、成败祸福，总之是支配着世界和人生的一切。"①

从词源上看，"迷信"是近代从西方引进的舶来品。英语中"迷信"（superstition）一词的拉丁词源为"superstare"，原意是"凌驾于某物之上"。这里的"某物"在古希腊罗马时代喻指"官方宗教"。可见，迷信一开始就不是宗教。综合上述诸学者观点，迷信具有盲目性、落后性、荒谬性等特征。归结其根源主要有三个方面：万物有灵，灵魂不死是其思想来源；愚昧无知是其认识根源；偏听偏信、盲目崇拜是其思想认识根源的必然结果。②

在目前的民俗学研究中，"俗信"（或称"民间俗信"）也还是一个比较含混的概念，在为数不多的涉及俗信的研究著述中，对俗信的理解和给出的定义也存在着较大的差异。有的学者把俗信看作是民间宗教的一部分。在论及俗信时，认为"宗教事象（广义的，其中包括民间俗信）是一定人群社会生活的产物，是在人们心理活动规律上有一定根据的思想反映"③。有的学者把民俗分为心理的民俗、行动的民俗、语言的民俗，没有明确地论述俗信，但他们认

---

① 《中共党史研究》1999 年第 5 期重新发表了胡乔木《反迷信提纲》一文。

② 张树卿：《宗教与迷信的区别》，http：//www. fjdh. com/wumin/2010/03/07113699470. html。

③ 乌丙安：《关于〈论俗信〉一文引文注释的指正》，《民俗研究》2001 年第 4 期。

为：心理的民俗，是以信仰为核心，包括各种禁忌在内的反映在心理上的习俗，它更多地表现为心理活动和信念上的传承；行动民俗是心理民俗的反映，它通过各种有形的传承活动，如仪式、祭祀、婚仪、祈禳、驱祟等表现各种无形的心理民俗事象；语言民俗是以语言为手段，赋予艺术形象与想象，结合传承的民俗观念表现人的思想、愿望与要求的传承性艺术。[1] 还有的学者把俗信与民俗等同起来，认为民间俗信与民俗是一回事。

以上对"迷信"和"俗信"的理解，虽然有一定的客观性和恰当性，但还不能完全准确地表达其内涵和外延。比较确切的表述，是把迷信和俗信当作民间信仰的两大组成部分，认为迷信与俗信虽然在构成的类型上极为相似，但其性质和手段却有明显区别。[2] 迷信"是对事象的因果进行歪曲认识的观念或施行歪曲处理的神秘手段，它具有十分明显的自发性和盲目性"[3]；俗信与迷信不同："简单地说，俗信原来在古

① 郭精锐：《神话与民俗》，《中山大学学报》（社会科学版）1987 年第 4 期。

② 刘德龙、张廷兴、叶涛：《论俗信》，《民俗研究》2001 年第 2 期。

③ 转引自王玲：《浅谈迷信与俗信》，《安徽文学》2009 年第 8 期。

代民间传承中曾经是原始信仰或迷信的事象。但是随着社会的进步、科学的发达和人们文化程度的提高，一些迷信事象在流传中逐渐失去了原来的神异色彩，失去了神秘力量。人们在长期生产与生活的经验中找出了一些合理性，于是把这些事象从迷信的桎梏中解放出来，形成了一种传统的习惯。这些传统习惯，无论在行为上、口头上或心理上都保留下来，直接间接用于生活目的，这就是俗信。”①

（2）概念再辨。

“迷信”和“俗信”作为民间信仰不是终极的目标，也不是精神追求的皈依，而仅仅是祈望谋得现世幸福的手段，诸如益寿延年、无病无疾、免灾祛殃、避鬼驱凶、得财添丁之类，才是信奉者企盼的现实目标。② 二者作为民间信仰的基本范畴，既有联系，又有区别，正是那些相异的方面，显示出各自的特质，成为它们划分的基准。

一是表现形式上的差异。日常生活中，“迷信”往往会表现出某种刻意，主动而焦躁，其所要表达和追求的事象与现实的人情事理相违背，作为精神的扭曲，浮狂夸张，体现为宗教观念的极端化；而“俗信”则是一种习惯性行为，守礼随俗，轻缓平和，其事象和民俗相融，符合一时一地的人情事理，作为精神民俗的一个领域，表现为感情的寄托和对生活的追求。如果说“俗信”的存在形态是民俗化，那么，“迷信”则以精神观念的极端化而体现出悖理

---

① 乌丙安：《把俗信与迷信区别开来》，中国民族宗教网，http：//www. mzb. com. cn/html/report/10259 －1. htm，2006 年 3 月 20 日。

② 和莉：《沂蒙山区农村民间信仰问题的研究》，华中师范大学硕士学位论文，2007 年。

违俗的性质。[①]

二是追求的目标上的差异。“迷信”近神远鬼，有着较为明确的功利追求，企图通过一定的言语沟通和象征性仪式，立刻得到某种实际的或想象的护佑与恩惠，诸如祛病除疾、消灾灭害、驱鬼逐祟等。“俗信”则重过程、重仪式，作为常循性、习惯性的行为，其功利目标往往已被淡化，而参与本身成为主要的需要。[②] 比如，人们春节期间放鞭炮、贴春联、挂灯笼，端午节门头悬挂菖蒲、艾蒿，中秋节吃月饼等，已不再过分追求驱鬼逐祟之效，而更多的是用以增添节日气氛；裹角黍、吃粽子，也不是为了追仿“阴阳包裹之象”，求得阴阳调和、风调雨顺，而主要是出于节日的情结。春联、艾蒿、粽子、月饼之类，作为传统时节的俗信物品，与原先的信仰目标也并不紧密相连，而仅仅是用以感受时令节日的气氛，从中几乎已看不到信仰的功利性。

三是结果上的差异。大量事实表明，“迷信”对个人、他人和社会都会产生实际的危害，显见的如精神损伤、破财残身、扰乱秩序、伤风败俗、污染环境等。而“俗信”对个人、他人和社会没有实际的危害，既不会损害身体和精神，也不会破坏社会和环境，作

① 和莉：《沂蒙山区农村民间信仰问题的研究》，华中师范大学硕士学位论文，2007 年。

② 陶思炎：《妈祖信仰略论》，《东南大学学报》（哲学社会科学版）2007 年第 5 期。

为正常的信仰习俗，它还是社会精神文化的重要构成，能成为社会的润滑剂及民众日常生活的调节剂与有益补充。

四是社会意义上的差异。“迷信”因存在实际危害，可称之为“病态的信仰”、“生活的赘疵”，难堪其扰。而“俗信”因其历史文化价值，可称之为“健康的信仰”，甚至能成为文化资源，具有开发、利用价值。例如，祖灵信仰与黄帝陵的祭祀活动，星辰信仰与元夕灯会，逐疫信仰与龙舟竞渡，驱鬼信仰与傩戏、傩舞等，都生动地向人们展示了对“俗信”加以合理开发、利用和文化价值转化的具体成果。

五是运作规律上的差异。“迷信”散布愚昧观念，污染环境，制造混乱，易导致人际冲突和社会失序，也容易被“心存险恶之人”所鼓动和利用。而“俗信”是“属于民间大众的知识”，具有较稳定的常循性规律，一般不会对社会生产、生活骤然产生某种冲击或破坏。

“迷信”与“俗信”同属历史文化的范畴，二者并非泾渭分明，常常彼此缠绕，在宗教神圣化与社会世俗化的双向演进中，共处于不断地变化、发展的过程，其总趋势是风俗化。在日常生活中，对二者应当加以仔细的考究和审慎的取舍，一方面，不能因反对封建迷信而破除一切民间信仰；另一方面，也不应当以保护传统

之名而对积弊陋习听之任之、放任自流。这也是历史的深刻教训。

3. 民间信仰与宗教

在我国，由于历史传统和现实原因，真正意义上的宗教信仰者所占人口的比例并不高，而更多的是将宗教信仰者和民间信仰者相混。通常，在中国的广大信众中，我们很难区别哪些是纯粹民间信仰者，哪些是宗教信仰者。在现实生活中，民间信仰与宗教信仰的交织缠绕和相互渗透，构成了广大有神论群众信仰的基本格局，并成为数千年来中国社会民众信仰的基本特征之一。

（1）民间信仰与宗教的相似性。

区分宗教和民间信仰的问题，首先应注意到它们之间诸多相似性的问题。有不少学者对二者的关联性或相似之处进行了研究，提出了一系列观点，经过一般性概括可归纳为以下几个方面[①]：

其一，它们在本质上是相同的。“一切宗教都不过是支配着人们日常生活的外部力量在人们头脑中的幻想反映，在这种反映中，人间的力量采取了超人间的力量的形式。”[②] 恩格斯关于宗教本质的这一论断，其实也适用于对民间信仰本质的阐述。民间信仰的核心，就是对那些“总能在老百姓的日常生活中找到原形”的超自然、超人间的鬼神的“偶像崇拜”。在老百姓心目中，这些“偶像”洞悉人们的社会生活，洞悉人间的一切，具有神秘莫测的自然力量和社会力量。民众这种摒弃理性思维的偶像崇拜，仿佛在信仰的虔诚度上比宗教表现得更彻底。所以，人们可以看到，国内外有许多学者把民间信仰看成是一种泛化的宗教现象或“弥散性宗教”

① 相关观点可参见李云华：《民间信仰与宗教》，《中国宗教》2004 年第 9 期。

② ［德］恩格斯：《反杜林论》，《马克思恩格斯全集》（第 20 卷），人民出版社 1972 年版；转引自于祺明：《自然科学与宗教关系的若干问题》，《宗教与世界》2010 年第 5 期。

（杨庆堃），或“普化宗教”（李亦园），或“原生性宗教”（金泽）等，将其纳入宗教学研究的视野。

其二，它们在产生和存在的心理根源上是相同的。宗教起源于人类对无法支配的自然界和社会异己力量的恐惧、敬畏和寻求慰藉。人们需要为心灵找寻一个庇护所，以化解对现世人生的不满与困惑。有研究表明，民间信仰的认识来源，首先是历史遗留的原始宗教，其次是已经消亡的传统宗教的历史残骸，或者传统宗教在民间社会的变异形态。因此，民间信仰在心理根源上也和宗教如出一辙，它关注普通民众，特别是弱势群体的需求和呼声，给人们以精神支持。

其三，它们在功能上有诸多共同点。“人类借超自然存在的信仰一方面可以满足个人的心理需要，另一方面又可借以整合社群团体。”① 诚如李亦园先生所言，民间信仰和宗教一样在民众的精神抚慰和社会群体整合等方面具有一定的积极意义。信众相信冥冥中有超自然的神力，并把人生的希望寄托在这些神灵的恩赐之上，这是民间信仰与宗教二者非常鲜明的共同特点。

其四，它们在社会属性上相近。新中国成立以来，中国共

① 李亦园：《人类的视野》，转引自焦淑军：《民间神灵信仰下的民众意识——以温州为例》，《温州职业技术学院学报》2010 年第 2 期。

产党通过对宗教和宗教工作的分析，提出了中国宗教具有“五性”的基本特点：群众性、民族性、国际性、复杂性、长期性，这是马克思主义和中国国情相结合的科学概括，是中国共产党正确处理问题、制定宗教工作方针政策的重要理论依据。近年来，在新的时代特征和国际背景下，宗教的长期性、群众性和特殊的复杂性等特点进一步凸显出来。民间信仰虽然不具备现代宗教的完整要素，不属于传统宗教，有的学者认为它具有自己特有的原始性、零散性和地方性的特点，但也同样具有正规宗教的长期性、群众性和特殊的复杂性的特点。

其五，相交的现实生活。中国是一个多民族、多宗教的国家，众多的民间信仰是宗教在中国存在、发展的强有力的社会基础和思想基础，同时宗教也为民间信仰提供了素材。历史发展中客观形成的多元文化和多元信仰的存在，决定了在我们这样一个国家不可能由某一种或某几种宗教完全控制和覆盖整个社会。于是，各种各样的民间信仰便发挥了宗教所达不到的补充作用，不仅涵盖了地域和社会群体，也包括物质生活和精神生活。

（2）民间信仰与宗教的区别。

当然，民间信仰和宗教是有根本区别的。最大的不同是民间信仰思想体系的零散性和组织结构的松散性。1985 年乌丙安先生在《中国民俗学》一书中提出了民间信仰和宗教的十大区别，撇清了民间信仰与成型宗教的联系，强调民间信仰的自发性和民俗性，这一论点提出后被学界广泛征引。这十大区别是：有无固定的信仰组织；有无特定的至高神信仰对象；有无支配信仰的权威（创教人或布教祖师）；有无信仰宗派；有无信仰的完整体系；有无可遵守的一定的规约；有无专司神职的职业人员；有无进行信仰活动的固定

场所；有无特定的法衣法器和仪仗；有无自觉的信仰意识。[①] 乌丙安先生在其著作中还指出，由于民间信仰的“多样性”、“多功利性”、“多神秘性”，不能以一般的宗教学理论去解析中国多民族民间信仰的特殊事象。

1987 年，著名学者、宗教学家吕大吉先生在《中国社会科学》上发表了《关于宗教本质问题的思考》一文，提出了“宗教四要素说”，并在国际上产生了相当大的影响。他认为，一个比较完整的成型的宗教具有四个要素：宗教的观念或思想；宗教的感情或体验；宗教的行为或活动；宗教的组织和制度。[②] 对照吕大吉先生的“宗教四要素”，无论从宗教的层次还是宗教的要素上说，民间信仰都是有欠缺的。

4. 生态意识

生态意识文明是生态文明的精神依托和道德基础。生态意识作为意识的子范畴，是人们对生存环境的观点和看法。近年来，国内

---

① 乌丙安：《中国民俗学》，辽宁大学出版社 1985 年版，第 242 ~ 245 页。1995 年，乌丙安在新著《中国民间信仰》（上海人民出版社 1995 年版）一书中再次强调民间信仰与宗教的十个区别。

② 吕大吉：《关于宗教本质问题的思考》，《中国社会科学》1987 年第 5 期。也可参见李申：《对宗教本质的“千虑”——兼评吕大吉教授的宗教“四要素说”》，《哲学研究》1999 年第 10 期。

外学术界对中国传统文化中的生态意识给予了越来越多的关注，并取得了一定的研究成果。但是，对于什么是生态意识，如何界定其内涵，目前，学术领域还未形成统一的观点。有的学者认为，生态意识是指在处理人类活动与周围自然环境间相互关系时的基本立场、观点和方法。具体来说，就是处理眼前利益和长远利益、局部利益和整体利益、经济效益和环境效益、开发与保护、生产与生活、资源与环境等关系时应具备的生态学观念和常识。① 有的学者认为，生态意识是人类在生存与发展过程中的一种理性升华，是自然生态的众多辩证过程在人脑中的综合反映，并能合理运用生态理性处理人与自然之间关系的思维活动。② 还有的认为，生态意识是从生物与环境的整体优化目标来理解和追求社会发展的一类意识要素与观念形态，是生态规律的支配作用和生态条件的制约作用在人的观念上的反映。③ 更有学者指出，生态意识是人对自然的关系以及这种关系变化的哲学反思，是对现代科学发展成果的概括和总结。④ 这些对生态意识的界定，大多是从协调人与自然的关系的角度进行的。我们十分认同此类界定，但更要注意到，生态意识不仅是协调人与自然关系的前提，还是协调人类内部有关环境权益的纽带。⑤ 对于传统文化中的生态意识及其现代性问题，郇庆治先生曾在《传统生态意识：时代视角与价值转换》一文中指出：无论从中国传统文化和现代环境意识的深入研究，还是从现代化实践的现实

---

① 王如松：《论生态意识》，《农业现代化研究》1988 年第 1 期。

② 李杰赓：《生态意识的培植》，《吉林广播电视大学学报》2005 年第 4 期。

③ 沈新平、陆建飞、庄恒扬：《可持续发展的思想基石：生态意识及其培养》，《扬州大学学报》（人文社会科学版）1997 年第 3 期。

④ 李万古：《现代科学“生态学化”和社会生态意识》，《山东师范大学学报》（社会科学版）1996 年第 3 期。

⑤ 李杰赓：《生态意识的培植》，《吉林广播电视大学学报》2005 年第 4 期。

需要来看，中国传统生态意识后现代视野下的研讨都是十分必要的。他还在文中对传统生态意识内涵进行了现代阐释，认为：中国传统生态意识是古代人们处理人与自然关系时的基本态度与理性思考，既是我国传统文化伸张扩展的根基，又构成了传统文化系统中的重要内容。从现代角度看，它可以归纳为四个方面，即“天地人合一”系统中的自然本体意识，“亲亲、仁民而爱物”的生态伦理意识，“取之有度、用之以时”的生态经济意识，“以时禁发”、“王者之制”的环境管理意识。[①] 笔者也曾在《传统民间信仰的生态蕴涵及现代价值转换》一文中阐述了民间信仰中的生态意识问题。其中指出：民间信仰习俗中涵载的大量具有原始思维特点的观念及信仰形式，源于人类对大自然的种种生存体悟，烙刻着鲜明的自然崇拜、图腾与敬畏的足迹，至今仍不同程度地左右着人们的思想与行为，其对整个生态文化系统的形成、演进、发展都具有不可低估的建构和影响作用。主要表现在：

第一，民间信仰承袭了原始信仰“万物有灵”的朴素自然观。这种朴素的生态自然观也是后世民间信仰传承的主要内容。

第二，民间信仰承载了儒释道“天人合一”的生态文化观。几千年来，尽管民间信仰从来没有被接纳为主流信仰，也很少通过文字进行传承，但其依附我国传统的儒、释、道，并与之盘根错节，成为我国文化传统和民风民俗的一个重要组成部分。这种生态文化观及其价值取向，对我国民间信仰文化具有重要影响，并从不同层面规约和控制着广大民众的文化心理、行为方式和生活习俗。

第三，民间信仰内含了尊重自然、敬畏生命的生态道德观。敬

① 郇庆治：《传统生态意识：时代视角与价值转换》，《自然辩证法研究》1996 年第 9 期。

畏、顺应、尊重、爱护自然，在我国传统民间信仰的价值体系中一直都是居于价值坐标中心地位的观念与取向。对于与自身生存利害攸关的自然物和自然力，人们普遍怀有敬畏的情愫，并因此演化出大量带有生态维护性质的习俗和禁忌。①

通过对诸学者相关见解的梳理，我们可以试着归纳一下其中的共识：

第一，它是人类社会发展到一定阶段的产物，是对人与自然、社会之间关系的认识和反映，强调人与自然相互协调、和谐发展的关系。

第二，中国传统民间信仰文化中蕴含着丰富的生态意识，它和当今世界的生态伦理学和生态哲学的观念是相通的，应当成为现代社会意识的重要有机组成部分。

第三，它是一种文化价值观，也是一种生态系统可持续前提下的生产观，同时还是一种满足自身需要又不损害自然的消费观。它

① 张祝平：《传统民间信仰的生态蕴涵及现代价值转换》，《广西民族研究》2010年第3期。

体现了人们对现实生存环境的忧患意识、价值取向、审美观念以及回归意识和责任意识。

第四，更为重要的是，它还是人们应具备的生态学观念和常识。对于这种生态学观念和常识，主要内容包括生态道德意识、生态忧患意识、生态科学意识、生态价值意识和生态责任意识五个方面。①

所谓生态道德意识，是人与自然之间道德关系的要求和体现，把人与自然的关系纳入道德关怀，自觉承担起对自然环境的道德责任。它又包括生态公德意识、生态道德规范和生态审美观念三个方面。生态公德意识强调环境保护的全局观念和整体意识；生态道德规范强调从生态道德认识、生态道德情感、生态道德行为等方面创建道德认同、约束、监管和奖惩机制，并得到遵循；生态审美观念强调培育和滋养公民的生态美学理念，形成正确的审美观念，感受生态美所带来的愉悦感。

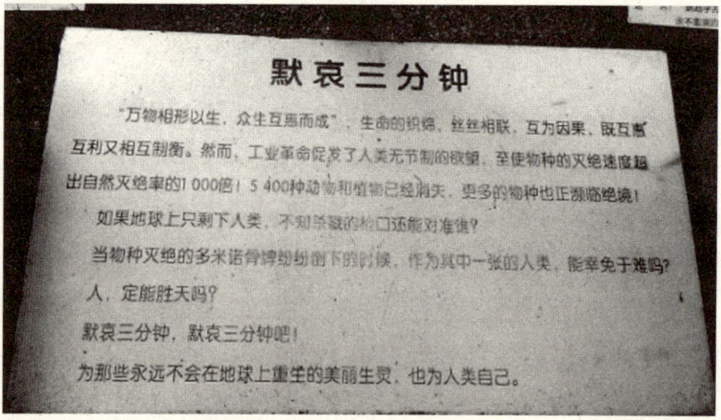

① 江西省中国特色社会主义理论体系研究中心：《建设生态文明　促进人与自然协调发展》，《光明日报》2009 年 10 月 12 日。

生态忧患意识是人类面对日益严重的生态问题而萌生的对人类社会发展及自身前途命运的理性思考。对于人类来说，最可悲、最可怕的不是遇到生态危机，而是缺乏对生态危机的觉察，大难临头却不知不觉，甚至盲目乐观。只有觉察到潜在的生态危机，才有可能缓解和彻底消除生态危机。近年来，沙尘暴等影响范围大的环境问题频频出现，极大地增强了人们的生态忧患意识，也使得环保观念深入人心。

生态意识作为一种科学意识，是生态科学知识的积淀与升华，它的发展同生态科学的成熟及其向整个科学技术领域的渗透相伴随。生态科学意识是一种要求人们运用科学的方式、方法去指导实践生产、生活的思想方法。它所要强调的就是用生态科学的眼光审视自然、指导实践。

所谓生态价值意识，或称生态价值观，主要是指人们在处理人与自然关系中对生态环境的价值追求以及对生态环境利用的价值尺

度。生态价值意识注重维护社会发展的生态基础，强调从生态价值的角度审视人与自然的关系和人生目的。自然界任何资源都不是取之不尽、用之不竭的，过度地开发自然资源，大自然必会对人类加以“报复”。只有合理地对生态环境进行改造开发，才能有效地保护生态环境。这些都是最基本又最重要的生态价值意识。

生态文明的伦理体系凸显关怀、责任与和谐价值，倡导理性消费与绿色生活方式，它需要生态公民的自觉追求和积极参与。具有生态文明意识且积极致力于生态文明建设的现代公民就是生态公民，生态公民是建设生态文明的主体基础。生态责任意识是生态公民的显著特征之一。维护公共利益（特别是生态公共利益）是生态公民责任意识的核心。一是遵守已经确立的环境法规；二是推动政府制定相关的环境法规；三是在公共生活与私人生活中主动实践生态文明的各项规范，自觉限制各种破坏生态的行为，自觉从事各种有益于生态发展的活动，自觉促进生态建设。①

生态意识是生态理论体系的重要内容，在推进生态文明建设的过程中，如果缺乏生态意识的支撑，生态环境恶化的趋势就难以从根本上得到有效遏制。反思近现代以来人与自然的紧张关系，笔者发现公民生态意识的匮乏、淡薄和包括生态意识在内的人们的文化价值观念的“扭曲”以及生态行为失范是主要的深层次根源。因此，生态文明建设需要我们积极培育和唤醒公民的生态意识，引导公民进行自我觉悟、自我反思、自我创建。

① 杨通进：《树立责任意识　生态公民：生态文明的主体基础》，《光明日报》2008年11月11日。

第一编　民间信仰的生态性本原探析

民间信仰文化与自然生态环境一直处于一个互动的过程，它们之间存在着复杂的矛盾和关系。生态环境是人类社会及民族存在和发展永恒的、必不可少的物质前提，它虽然不是文化形成的根本原因，却在很大程度上设定了某种文化现象能够发生的界限，在民族、民俗文化形成过程中具有不可忽视的作用。各地地理环境和自然环境的不同，导致了不同的生产方式和生活方式，也形成了不同的民间信仰文化。这种在适应和选择过程中形成的各种民间信仰必然带有其所生存的自然环境的深深印记。

一、先民的自然崇拜与信仰文化的起源

自然崇拜是在原始人群中最先产生的信仰形式，这是因为人类最初的认识必定是同生存问题密切相关的，而人的生存又是一种完全依赖自然物的生存。所以自然崇拜又是人类最早的信仰习俗，也是原始社会一种极其普遍的信仰习俗，或者说是原始人类最初的一种认为自然物和自然力具有生命、意志以及伟大能力的信念。①

在人类产生之初，生产力水平极端低下，生产生活知识极端贫乏，人类因此是“自然的仆役”，在自然界面前脆弱而无力，几乎完全受其支配。自然界各种存在物如森林、大山、石头、土地、太阳、月亮以及风、雨、雷、电、洪水、猛兽等，作为一种完全异己的、有无限威力和不可制服的力量，时刻都在威胁着人们，也给人们带来愉悦，或是苦难甚至死亡。对于这些自然力量，原始人类既不能理解，更无法克服和防止。长此以往，这些异己的强大而怪异的力量便在人们的头脑中产生一种神秘和恐惧意念。“人类适应环境，除了生物方法之外，文化发展提供了另一种可能：人类可以通过学习而不是仅凭先天的本能来适应环境。”② “对于原始民族来说，风俗无处不在，风俗的指导是

① 王小盾：《原始信仰和中国古神》，上海古籍出版社1989年版，第20～25页。
② 江帆：《生态民俗学》，黑龙江人民出版社2003年版，第28页。

最初唯一可能的指导。”① 于是，原始人类就按自己的活动和认识情况来解释自然界的各种现象，把人的意志添加在自然界的事物和现象上，把各种自然事物和现象都看成是有意识的活动，认为统治和支配着人的自然力都是由某种神秘的不可知的力量主宰着，它们可以按照自己的意愿给人类带来幸福或灾难。因此，我们很容易发现，土地、天体、山峰、岩石、河流、火等是原始人自然崇拜中比较普遍崇拜的对象。当然，自然崇拜是一定历史阶段的产物，它会随着社会意识的发展和认识水平的提高而发生变化。人类会将从具有巨大威力的自然崇拜对象上所得的信仰观念慢慢转移到威力较小的事物上。因此，动植物崇拜等原始崇拜就出现了，并与自然崇拜一起来占据信仰的空间，协调物质与精神世界的关系。

对于原始信仰习俗究竟是源于何时，又是怎样形成的，以及“最初”它是怎样对人类起指导作用的，斯宾塞的研究结论是：对于原始民族来说，本能的活动是所有社会事物中具有首要意义的活动。他认为：“既然总有相应的活动先于风俗，那么，我们就应该探讨风俗是怎样源于最初的活动的，但是，由于这是不可能的，所以，后于风俗的活动的过程成了我们的研究对象，因为当活动开始时，人们绝没有意识到什么是历史性活动，或

① ［英］赫伯特·斯宾塞：《社会学原理》，转引自江帆：《生态民俗学》，黑龙江人民出版社2003年版，第29页。

者说绝没有意识到他们所作所为的历史意义。当他们意识到他们的行为的历史重要性时，它们的源起已经淹没在浩渺的历史烟波之中了。”[①] 虽说包括民间信仰在内的民俗的源起“已经淹没在浩渺的历史烟波之中”，但是，依循“后于风俗的活动的过程”往前追溯，我们还是可以对初民社会的生活图景，即对民间信仰等民俗生成的源头做一些粗线条的描摹。

“构木为巢”、“不耕不稼”、“不织不衣”等是今天所能见到的有关史料对原始人类生活的描述。据《礼记·礼运》载：“昔者先王未有宫室，冬则居营窟，夏则居橧巢。未有火化，食草木之实，鸟兽之肉。饮其血，茹其毛。未有麻丝，衣其羽皮。后圣有作，然后修火之利。”[②]《白虎通德论·号》中也记载：“古之时……饥即求食，饱即弃余，茹毛饮血而衣皮苇。”[③] 民国学术经典《中国风俗史》是一部专门讨论中华五千年各时各地风俗之通书，书中第一编便从衣、食、住、生产、器物、贸易等角度描绘了处于浑朴时代的初民生活。

知识链接

浑朴时代的初民生活[④]

“盖巢穴为初民之居处。而其饮食，则由果实时代，进而为鲜食时代，再进而为艰食，则神农氏时也。火化始于燧人，民间渐脱茹毛饮血之俗矣。太古之民，被发卉服，蔽前而不蔽后。其后辰放

① ［英］赫伯特·斯宾塞：《社会学原理》，转引自江帆：《生态民俗学》，黑龙江人民出版社2003年版，第29页。

② 江帆：《生态民俗学》，黑龙江人民出版社2003年版，第30页。

③ 江帆：《生态民俗学》，黑龙江人民出版社2003年版，第30页。

④ 张亮采：《中国风俗史》，东方出版社1986年版，第1～4页。

氏时，始知搴木茹皮以御风霜，绹发冒首以去灵雨，号曰衣皮之民。至神农时，纺织麻集，则皮服之俗已变而为布服。不过至黄帝时，而衣裳冠冕始备耳……”

“太古之民，多取天然物以为食。禽兽亦天然物之一种也，狩猎时代，于焉仰足。然狩猎不可必得，得之也不胜劳苦。且今日得之，今日食之，明日苟不从事狩猎，则不得食也。于是积多少之经验，始知牛羊犬马鸡豕等类，易为我所生得者之易于驯服，遂定为家畜之种，常畜之于家。遇狩猎不足之时，取而用之。然后禽兽始为我所常有。种类孳息，不待狩猎而饶足，是为游牧时代。此时代始于庖牺氏时，绎庖牺之名义，而知庖牺固教民畜牧者也……”

“游牧之世，民随水草迁徙，土著绝少。至神农氏时，民始知播植五谷，则行国变为居国。且畜牧必择善地，而农耕随地皆宜。肉食有时生病，谷食不惟不生病，并能养人而却病，非多经考验不克知此。畜牧成效易睹，农耕之收获，必历三时。非民智大开，不能确信而耐久。中国以农立国，而风气早开于是时，由是安土重迁，井里酿成仁让之俗。五谷之食，利赖至今，非偶然也……”

“狩猎时代，全社会衣食相同，无所谓有无，即无所谓交易。至由狩猎而畜牧，由畜牧而耕稼。耕稼时代，不能遽废狩猎畜牧之事。狩猎畜牧者不必耕稼，则于粒食常不足。耕稼者不必狩猎畜牧，则于肉食常不足。既不足矣，于是有无不得不交通，而贸易之事以起。《易·系辞》言：神农日中为市，致天下之民，集天下之货。交易而退，各得其所，是也。然当时货币未兴，除以物交易外，大概山居之民，交易以皮；水居之民，交易以贝。故皮贝即为当时之货币。观汉时尚以皮为币，而财贿宝贵等字皆从贝，可以知矣……"

"盖草昧初开，为防敌御兽而武器重。为渴饮饥食，而饮食之器、耕作之器起。饮食之器，由霪尊、抔饮、土簋、土铏易之以陶匏。而解剖牺牲，不能不借助于庖刀，刀固须金属也。耕作之器有耒耜，有锄耨，有斧斤。锄耨斧斤，亦须金属也。武器以防敌御兽，兼为狩猎之利技。民智未开，至燧人氏铸金作刃，其时必发五金之矿。故由用石时代，突入用金时代，至庖牺时遂有干戈，神农时遂有斤斧，而蚩尤之铠刀剑矛戟大弩，此其滥觞矣。"

张亮采先生的《中国风俗史》立于现代立场、基于现代视野，对太古时期人类社会生活的描述，使我们能够透越历史的烽烟，约略地窥视初民社会的生活风貌。"彼时之风俗与此时之风俗异，昔日之风俗与今日之风俗异。读彼时、昔日之风俗，可以知此时、今日风俗之得失。"引用来源在如此浑朴而原始的人类生存图景中，最原初的民俗事象又是如何发生的呢？就民俗的功能来看，应该说，初民社会每一具体的民俗事象的产生，都与当时的人类生存需要直接关联，二者是耦合于初民生命本体的生态结构之中的。[①]

"民俗是为一时一地的所有生活需求而设"，建构的起点是人从他们的动物祖先那里继承下来的一些身心素质、本能和技艺，至少

① 江帆：《生态民俗学》，黑龙江人民出版社2003年版，第31页。

也是这些方面的一些倾向。[①] 恰如美国社会学家威廉·格拉汉·萨姆纳所指出的，“动物祖先的行为方式塑造了形成人类习惯与好恶的渠道，通过这些渠道，诸事右手当先的习惯以及其他身心活动才得以发展起来”[②]。依他所言，人类在意识形态和法律制度形成之前就已经生活在民俗之中了，人类这种高级动物的生存活动并不是从零开始的，而是从已很高级的动物祖先所具有的本领开始的。当然，动物的本能和人的本能有着本质的区别。达尔文认为：“任何低于人的动物，是没有自我意识的。”这似乎可以认为，人类的本能是被意识到了的本能，文化既是人类在劳动及各种活动中创造的，同时也是在人类用意识取代本能的过程中创造的。[③]

“人是从‘行动’而不是从‘思索’开始自己的历程的”，“劳动创造了人本身”。根据一些相关学科的知识，我们知道人类的动物祖先（古猿）在对自然物的利用、对自然工具的使用过程中也形成了一些自然习性，例如饥饿、寒冷、空虚与恐惧以及对异性的需要等。人类的动物祖先也像许多动物那样有一定的饮食好恶习性，也形成了一些进食的习惯行为。“饥而欲食，寒而欲暖，劳而欲息，

① 刘婷：《民俗休闲文化论》，云南人民出版社 2008 年版。
② 高丙中：《民俗文化与民俗生活》，中国社会科学出版社 1994 年版，第 173 页。
③ 转引自韦坚平：《论民俗文化的选择》，《广西师范大学学报》2006 年第 4 期。

发情而求交合，好利而恶害，骨体肤理好愉快。”总之，人们必须去满足种种需要，生活就是由满足这些需要的基本活动所组成的。信仰和民俗的起源来自于对生活的需求，需求是内驱力。江帆女士曾在其所著的《生态民俗学》一书中为我们阐释了饮食习俗中餐具产生的例子。[①] 显然，我们不可能穿越时空重回百万年前考察原始人类的生存状态，但也不难想象，摘果为食、茹毛饮血时代的原始初民们，手抓入口即食的景象，在当时他们的饮食体系中根本不会存在餐具之类的概念。众所周知，在人类的演化史上，火的使用堪称是一个具有划时代意义的进步，并因此导致哺乳动物纲的灵长目中人科、人属的诞生。“火的发明创造了中国家文化的妊娠期”，有了火，人类随时都可以吃到熟食，扩大了食物的来源和种类。同时，减少疾病、促进大脑的发育和体制的进化，进而形成和推广熟食生活，这就从根本上改变了人类的进食方式。

筷子是中国最具代表性的食具，起源甚早。在上古时期先民就有说到“以土涂生物，炮而食之”，意思就是把谷子以树叶包好，糊泥置火中烤熟。有专家认为这种烤食法也推动了筷子的形成。当先民把包好涂泥的谷粒置火中烤时，为使其受热均匀，不断用树枝拨动，我们聪明的祖先也就是在拨动“原始爆米花”的过程中得到启发，日久天长，筷子的雏形也就渐渐地在先民手中出现。民间有传说：相传大禹在治理水患时三过家门而不入，都在野外进餐，有时时间紧迫，等兽肉刚烧开锅就急欲进食，之后开拔赶路。但汤水沸滚无法下手，就折树枝夹肉或粉粢（米饭）食之，这就是筷子的雏形。[②] 传说虽非正史，但因熟食烫手，筷子应运而生，这是合乎

① 江帆：《生态民俗学》，黑龙江人民出版社 2003 年版，第 32 页。

② 《竹木餐具的起源（筷子）》，http：//hanyu. iciba. com/wiki/1718591. shtml。

人类生活发展规律的。我们也容易想象得到，当人们第一次面对烧烤得灼热滚烫的食物时，肯定又会感到不知如何下手，再如热粥汤羹之类又如何抓取得了呢？人类百万年来的进食习惯受到了巨大挑战。于是，借助器物延伸人手功能成为必然，细小的竹枝、树枝成为方便人们进食的工具，这样，筷子的雏形就出现了。之后，在漫长的文化演进中，人类社会才逐渐形成了世界上各民族各具特色的餐具习俗，并形成了诸多以餐具为题材的信仰文化和禁忌习俗。这些在食具的使用上产生的形形色色的信仰和禁忌，有的是出于对神灵的恐惧，有的是为了尊重他人，有的则是维持主人的体面，有的是为了保持饮食卫生，有的是缘于加强自身的修养，其动因不一而足，但归根结底则是对饮食生态和餐桌文明的维护。

知识链接

使用筷子的12大忌讳①

（1）三长两短：这意思就是说在用餐前或用餐过程当中，将筷子长短不齐地放在桌子上。这种做法是很不吉利的，通常我们管它

① 文字及图片均转引自新华网，http：//news. xinhuanet. com/overseas/2010 - 05/05/c_ 1274312. htm，2010年5月5日。这里引用的材料涉及北京使用筷子的习俗，是因为北京与浙西南使用筷子的禁忌相一致。使用筷子的12种禁忌，是我们日常生活当中所应当注意的，作为礼仪之邦，通过对一双小小筷子用法的禁忌要求，就能够让人们感受到中华民族深厚的文化积淀。当下餐桌文化中，还有一些对筷子使用禁忌的通俗说法，如“筷子十忌”：一忌犹豫不定，既想吃这个又想吃那个，筷子绕来绕去，优柔寡断；二忌扎食品，别用筷子扎着食物吃；三忌用筷子传递食品，用筷子传递食物，犹如葬礼时捡遗骨，非常不吉利；四忌夹菜滴答，用筷子夹菜，作料汁滴答滴答，好像菜在流泪；五忌舔筷子，筷子上沾着菜，用嘴来舔，形象不雅；六忌用筷子推碗，用筷子把碗拖到跟前，表明你很懒惰；七忌钻探筷子，用筷子在碗里、盘子里翻来翻去，太脏了；八忌用筷子扒拉饭，狼吞虎咽扒拉饭，好像谁要抢你那份饭似的；九忌夹来夹去，已经伸出筷子，又不吃，去夹另一盘的菜；十忌横跨筷子，有放筷子的筷托，却把筷子横放在碗上，是不是和筷托有仇？

叫“三长两短”，其意思是代表“死亡”。因为中国人过去认为人死以后是要装进棺材的，在人装进去，还没有盖棺材盖的时候，棺材的组成部分是前后两块短木板，两旁加底部共三块长木板，五块木板合在一起做成的棺材正好是三长两短，所以说这是极为不吉利的事情。

（2）仙人指路：这种做法也是极为不能被人接受的。这种拿筷子的方法是：用大拇指和中指、无名指、小指捏住筷子，而食指伸出。这在北京人眼里叫“骂大街”。因为在吃饭时食指伸出，像是在不停地指着别人，北京习俗一般伸出食指去指对方时，大都带有指责的意思。所以说，吃饭用筷子时用手指人，无异于指责别人，这同骂人是一样的，是不礼貌的。还有一种情况也是这种意思，那就是吃饭时同别人交谈并用筷子指人。

（3）品箸留声：这种做法也是不行的，其做法是把筷子的一端含在嘴里，用嘴来回去嘬，并不时地发出咝咝声响。这种行为被视为是一种下贱的做法。

因为在吃饭时用嘴嘬筷子本身就是一种无礼的行为，再加上配以声音，更是令人生厌。所以出现这种做法一般都会被认为是缺少家教，同样不被人接受。

(4) 击盏敲盅：这种行为被看作是乞丐要饭，其做法是在用餐时用筷子敲击盘碗。因为过去只有要饭的才用筷子击打要饭盆，其发出的声响配上嘴里的哀告，使行人注意并给予施舍。这种做法被视为极其下贱之举，被他人所不齿。

(5) 执箸巡城：这种做法是手里拿着筷子，做旁若无人状，用筷子来回在桌子上的菜盘里寻找，不知从哪里下筷为好。此种行为是典型的缺乏修养的表现，极其令人反感。

(6) 执箸刨坟：这是指手里拿着筷子在菜盘里不住地扒拉，以求寻找猎物，就像盗墓刨坟一样。这种做法同“执箸巡城”相近，都属于缺乏教养的做法，令人生厌。

(7) 泪箸遗珠：实际上这是用筷子往自己盘子里夹菜时，手里不利落，将菜汤流落到其他菜里或桌子上。这种做法被视为严重失礼，同样是不可取的。

(8) 颠倒乾坤：这就是说用餐时将筷子颠倒使用，这种做法是非常被人看不起的，正所谓饥不择食，以至于都不顾脸面了，这是绝对不可以的。

(9) 定海神针：在用餐时用一只筷子去插盘子里的菜品，会被认为是对同桌用餐人员的一种羞辱。在吃饭时做出这种举动，无异于在欧洲当众对人伸出中指，是相当不礼貌的行为。

(10) 当众上香：这往往是出于好心帮别人盛饭时，为了方便省事，把一副筷子插在饭中递给对方，这被视为大不敬，因为北京的传统是为死人上香时才这样做，如果把一副筷子插入饭中，无异于给死人上香，所以说，把筷子插在碗里是绝不被接受的。

（11）交叉十字：这一点往往不被人们所注意，在用餐时将筷子随便交叉放在桌上。这是不对的，因为北京习俗认为筷子在饭桌上打叉，是对同桌其他人的否定，就如同学生写错作业，被老师在本上打叉的性质一样。除此以外，这种做法也是对自己的不尊敬，因为过去吃官司画供时才打叉，这无疑也是在否定自己。

（12）落地惊神：指失手将筷子掉落在地上，这是严重失礼的一种表现。因为北京习俗认为，祖先们全部长眠在地下，不应当受到打搅，筷子落地就等于惊动了地下的祖先，这是大不孝，所以这种行为也是不被允许的。但这种过失是可以弥补的，一旦筷子落地，就应当赶紧用落地的筷子根据自己所坐的方向，在地上画出十字。其方向为先东西后南北，意思是我不是东西，不该惊动祖先，然后再拿起筷子，嘴里同时说自己该死。

民俗和信仰是具有群体性特点的社会生活文化。个人的习惯不一定是民俗，群体成员共同的习惯才是民俗。民俗文化的选择是一个从个人的选择发展为群体的选择，并以群体势力持续影响群体成员选择的过程。个人独有习惯未被别人仿效及群体推广之前，则为非民俗或前民俗行为。① 那么，最初的原始人类中的个体为了满足自身生存而采取的行动，比如以筷子帮助进食又是如何推衍成为群体所沿袭的行为模式，最终形成某种“习俗”，以至于产生了诸多信仰和禁忌呢？在一些学者看来，“民俗是不自觉的产物”，“这些产物（风俗习惯）绝不是自觉追求的后果”，“民俗并非人的有目的的、理智的创造”。② 萨姆纳认为，“形成民俗的运转过程存在于

① 韦坚平：《论民俗文化的选择》，《广西师范大学学报》2006 年第 4 期。
② 高丙中：《民俗文化与民俗生活》，中国社会科学出版社 1994 年版，第 126 页。

细小活动的不断重复之中”，民俗就像是人类不自觉地施放出来的自然力量的产物，或者说就像是动物本能的行动方式，它们通过经验发展起来，最后达到了与某种利益高度协调的形式，然后靠传统代代相传。①

上述观点确实反映了民俗和信仰生成及传承的部分特征，但总体来说，这种看法和结论可能有点笼统，也不够准确。一定社会民众群体的民俗和信仰可能由广大地域和不同时代的广大民众的仿效传习和“不断重复”集合而成，它内容繁杂、体系庞大，流行的地域可能非常广阔，传承的时间可能非常久远。就一个社会群体的民俗文化整体而言，在没有高度的群体“文化自觉”的情况下，民俗确实不是哪一个时代的哪一些人的“自觉追求的后果”或“有目的的、理智的创造”，当然也就是“不自觉的产物”。② 但是，就具体的某项民俗的形成而言，民俗都是普通民众在一定的生产力发展水平和认知水平上的，在一定的自然和社会环境中的，有目的的、理智的创造。只是这项民俗形成时的相关因素和条件发生变化之后，才使人看不清或不能完全理解其“目的”及“理智”。春节、端午和中秋是我国民间传统的三大节日，其中端午节一直是一个多民族的全民健身、防疫祛病、避瘟驱毒、祈求健康的民俗佳节。在此，我们以汉民族各地端午节插挂艾叶和菖蒲习俗为例，进一步阐释民间信仰生成的缘由。对于端午节的由来，各本其源，有屈原说、伍子胥说、曹娥说、三代夏至节说、恶月恶日驱避说、吴越民族图腾祭祀说等。其中，在民间影响最大、范围最广的看法，认为

① 江帆：《生态民俗学》，黑龙江人民出版社2003年版，第33页。
② 韦坚平：《论民俗文化的选择》，《广西师范大学学报》2006年第4期。

端午节是为了纪念投汨罗江而死的忠臣屈原。[1] 其实，五月俗称“恶月”、“毒月”，五日又称“恶日”、“毒日”，五月初五则被称为恶月恶日，这是人们最忌讳的。因此，端午节最早一直是作为祛除病疫、躲避兵鬼、驱禳邪灾的节日流传下来的。旧时，各地民众过端午节都以保健、避疫为主要原则，形成了插蒲草、艾叶，喝雄黄酒，拴五色丝线等驱邪避疫的特殊习俗。同其他地方一样，浙西南一带也一直流传着农历五月初五插艾子（艾叶）的传说。

知识链接

五月初五插艾子传说[2]

很早以前，浙西南某地有一年风调雨顺，麦收之后，家家户户大囤满小囤流。一位天神下凡来察看民情，他腾云驾雾来到一个村子的上空，落下云头，在村外摇身一变，变成了一个衣衫褴褛的白胡子老头儿，一手拄着打狗棍，一手端着饭瓢，走进一户人家，却被一个浪费粮食的恶妇讥讽、捉弄。天神发怒，留言说要放瘟病让村民死光。第二天，天神正要撒瘟药时，却见一妇女抱着一个大孩子、领着一个小孩子趟水过河逃避瘟病。当天神得知这大的孩子是该妇女丈夫的前妻所生，小的那个才是她亲生的时候，于是为其作为后母却能特别爱惜非亲生子的善行所感动，就随手拔了棵艾子，让这妇女拿回家插于门窗以免瘟病。

这妇女拿着艾子刚要朝村里走，突然想到，就我一家人能避开

---

① 可参见王媛媛：《端午节的由来　纪念屈原之说影响最广最深》，新华网，http：//www.sd.xinhuanet.com/news/2009－05/27/content_16647408.htm，2009年5月27日。

② 资料来源于小故事网，http：//www.xiaogushi.com/diy/minjiangushi/77852.htm，2011年5月20日。

瘟病还不行，全村人咋办？于是她带着两个孩子拔了一大捆艾子，急忙赶回村里，在每家每户的门窗上都插上一棵艾子，连那个挖苦老神仙的妇人家里也插上了。结果天神撒下的瘟药不能降落，都随风飘到大海里去了。村子里的乡亲们得救了，都来感谢那位插艾子的妇女。从那以后，每年到农历五月初五这天，家家户户门窗上都插艾子，时间长了，便成了一种风俗。

艾，别称“艾蒿”、“艾子”、“家艾”、“蕲艾”，菊科，多年生草本植物。中医歌诀曰：“艾叶温平，温经散寒，漏血安胎，心痛即安。”端午期间，时近夏至，正是寒暑气交互转换之时，多雨潮湿，毒虫滋生，人最容易生病。因此，古人在端午节悬挂艾草、菖蒲和蒜头的做法并非完全出于盲目迷信，确实可以避毒虫、消病毒、除恶气。但插艾避瘟恐怕很难被证明是有效的。然而，在瘟疫发生的原因无法用医学来解释的年代，人们就把它的肆虐看作是精灵、鬼怪、瘟神等的作为，是天神为惩罚变坏了的人类而放出来的，认为瘟疫是无法医治的疾病，只有用善行义举才能改变天神的看法，从而免遭瘟疫。瘟神又称五瘟使者，是中国古代民间信奉的司瘟疫之神，隋唐时祭瘟神就在五月五日。[①] 上述传说中这位心地

① 宗力、刘群：《中国民间诸神》，河北人民出版社 1986 年版，第 479 页。

善良的妇女在天神指点下做出的“插艾子送瘟神”，在古代民智未开、医疗条件低劣的情况下被人们认为是有效的。因此，很快就为众人所仿效，并成为年年反复采用的群体性行为方式。如果仍有瘟疫发生，也会被认为是因人间的坏人坏事太多，人们仍难免受到天神的惩罚。如果说“理智”是辨别是非、利害关系以及控制自己行为的能力，那也是与一定的社会整体发展水平相对而言的。透过“插艾子送瘟神”这个信仰习俗形成的传说，我们可以发现：五月初五插艾子已经是人们在当时认知水平极低和医疗卫生条件恶劣的情况下作出的有目的的、理智的选择。

文化的核心是观念，民俗文化的核心是群体功利观念，它或隐或现地影响、决定着民俗文化的选择。[①] 在上述五月初五插艾子送瘟神的传说及其信仰习俗中，我们很容易体察到这种群体性功利观念的存在，也即一个人的恶言恶行可能导致整个村落群体遭受灭顶之灾，一个人的善言善行又可能使整个村落群体幸免于难。整个村落是一个大家庭，在根本上有着共同的利益。同时，我们注意到，这个传说中所表现的天神降瘟疫来惩罚恶人，其实是面向村落整体的滥杀无辜。现实生活中的瘟疫也是不分善恶地降临到某个区域整体社会成员身上。古人们就是在当时医疗条件水平极低的情况下，恐惧至极，把瘟疫的发生和传播解释为因道德问题致鬼神作祟而引发的天灾人祸。事实上，“插艾子送瘟神”即使不能避免瘟疫，也可借此重塑道德、宣扬正义、抑恶扬善、净化社会风气，这同样符合群体性功利观念的特征。正因如此，五月初五插艾子便成为至今仍广为流行的民间信仰。在浙南各地，“要发瘟吧”、“发瘟的”等带有比较强烈的警示或指责意味的民间俗语仍常见于当下乡民们的

---

① 韦坚平：《论民俗文化的选择》，《广西师范大学学报》2006 年第 4 期。

口头禅中，其意即在于提醒人们不要成为殃及众人的坏人，或用以谴责坏人的恶习恶行。而今天的人们在五月初五插艾子则更多的是为了示善、示洁。这些足以表明，传统民俗和信仰在历经发生、传承及有所变异之后，当下的人们仍然可以在一定程度上理解其创造时的思维方式和价值选择。

任何一项民俗在其形成的时候，都是被普通民众认为与群体的某种社会生活需要相适宜的，也即被公认为是“合宜”的行为方式，才有可能被反复运用。[①] 所谓“合宜”，即“比起其他方式来，它们能更好地达到目的，或者能少费辛劳和痛苦”。合宜的方式则将有人起而效仿，不合宜的方式则会成为人们的前车之鉴。由于人类的生存需求是反复出现的，因而为生存而采取的行动也必然反复进行，不断地反复演示，最终使一些活动方式成为民俗。[②] 人类社会发端之初，最为合宜的行为方式即是依赖和顺应自然，或是对大自然进行某种模拟，因为其

① 詹娜：《变与不变：辽东山区村落民俗变迁与俗制厘定——兼论民俗的本质》，《民俗研究》2009 年第 3 期。

② 高丙中：《民俗文化与民俗生活》，中国社会科学出版社 2001 年版，第 84 ~85 页。

时民智未开，人类在大自然面前束手无策。“原始人为了能够利用自己‘理性’上已经达到的成就来改进自己的人为器官，即为着扩大自己对自然的权利，他便应当处在一定的地理环境中，地理环境要能够给他：为改进所必需的材料；改进了的工具的加工对象。在没有金属的地方，社会的人本身的理性无论如何也不会使他走出‘磨石时期’的界限；同样，从游牧生活过渡到农业生活也必须要有一定的植物和动物，没有这些植物和动物，‘理性将停留着不动’。”① 普列汉诺夫还认为，“周围的自然环境、地理环境的贫乏与丰富，曾经给予工业的发展以无可争辩的影响……人是从周围自然环境中取得材料，来制造用来与自然斗争的人工器官。周围自然环境的性质决定着人的生产活动、生产资料的性质”②。顺应自然、就地取材的生存模式对于原始初民而言无疑是合宜的，原始人类对自身所生存的自然环境的体验与磨合适应，则成为民俗生成的生态性本原。③

同时，我们还注意到，人类的审美意识对于民间信仰的生成也具有重要的建构作用。“盖北方人民，感觉迟钝，无葱蒜则口舌之味不愉快。无红绿则眼之视觉不愉快，无皮黄则耳之听觉不愉快。”④ 而在四季如春、到处是青山绿水的南方地区，人们在色彩取向上偏爱淡雅。比如，剪纸是中国最古老的民俗之一，早期的剪纸多见于丧葬、祭祀等仪式中，大约跟道家的灵媒神务有关，例如

① ［俄］普列汉诺夫：《普列汉诺夫哲学著作选集》，转引自左亚文：《普列汉诺夫的“地理环境决定论”再探》，《湖北行政学院学报》2012 年第 5 期。

② 任春晓：《论普列汉诺夫与马克思地理环境理论的差别》，《上饶师范学院学报》2001 年第 2 期。

③ 江帆：《生态民俗学》，黑龙江人民出版社 2003 年版，第 34 页。

④ 胡朴安：《中华全国风俗志》，上海书店出版社 1986 年版，第 43 页。

杜甫的《彭衙行》中就有“暖汤濯我足，剪纸招我魂”的明确记载。同样是剪纸，北方剪纸粗犷朴拙、天真浑厚，有着古朴而神秘的色彩；而江南剪纸精巧秀丽、玲珑剔透，多以人工花卉与鱼虫菜果为题材。晋南、晋中、晋东南、晋西北、吕梁山区的剪纸，多为单色剪纸，风格质朴、粗犷；而流行于雁北地区的染色剪纸，则婉约典雅、富丽堂皇等等。“人们以及许多动物都具有美的感觉，这就是说，他们都具有在一定的事物或现象的影响下体验一种特殊的‘审美’快感的能力。”① 这些体现在民俗艺术上的差异，其实所反映的就是地理生态环境给予民俗文化审美的艺术底蕴，也表明人类的生态审美意识对于民俗的生成具有重要的建构作用。

“物体的美是其自身价值的一个标志，当然这是我们的判断给予它的。但是，美不仅仅是主观的事物，美比人的存在更早。蝴蝶和鲜花以及蜜蜂之间的配合都使我们注意到美的特征，但是这些特征不是我们造出来的，不管我们看见还是没有看到，都是美的。”② 我们也注意到动物对美是有感觉的。美国学者纳塔莉和安吉尔著的《野兽的

① ［俄］普列汉诺夫著，曹葆华译：《论艺术》，生活·读书·新知三联书店1973年版，第16页。

② ［德］汉斯·萨克塞著，文韬、佩云译：《生态哲学》，东方出版社1991年版，第58页。

美》以大量的事实证明动物对美的感受也有着自己的判断。有些动物美能为人们所接受，于是成为人类的审美对象，有些动物至今还不能为人类的审美习惯所接受。有些动物虽然具有很高的形式美，但因为其会对人类生活造成不好的影响，所以人类尚不能对它持审美态度，比如有些小蟑螂的颜色是非常美的，最耀眼的一种是宝石蓝，身上带有青铜色的斑纹和细长的红条纹。但人们普遍地憎厌蟑螂，因而很难对其持有审美的态度。[①] 其实，在人类的实践活动中，被普遍看作是合宜的行为方式通常都是具有审美价值的。恰如高尔基所指出的："审美的主要品质就是有机界在生理上所固有的力求形式完美的愿望。但人们在这种'天然的审美'之上添加了另一种愿望，就是改进社会生活方式，创造条件使人的肌体可以和谐地发展，尽可能减少阻碍其正常和全面发展的障碍。"[②]

当然，我们还要看到，在民间信仰的生成与建构中，人类的生态审美与生态直觉并非是完全类同、没有任何偏差的。一方面，"合宜"仅仅是针对居住在某一特定的生态环境中的某一特定的族群而言，对这一地域的群体"合宜"的方式，对另一地域的群体来说未必"合宜"；另一方面，人们对生态环境的体悟与感知，有时也会不同程度地受原始思维的制约。

"原始人把一切突发事件归于人的作用或鬼神与精灵的作用。好运与坏运被归因于超级力量，被归因于它们对人的所作所为的喜怒与好恶。这些观念构成了人们的鬼灵信仰，并渗透在他们的整个世界观之中。运气总是出现在争取生存的斗争中，偶然因素通常把

---

① 陈望衡：《生态中心主义视角下的自然审美观》，《郑州大学学报》（哲学社会科学版）2004 年第 4 期。

② ［苏］高尔基：《论文学》（续集），转引自 http：//blog. cs. js. cn/user1/dakongbai/archives/。

生存斗争与宗教联系在一起。只有在宗教仪式中，生存斗争中的偶然因素才可能受控制。关于鬼神、妖魔和其他世界的观念都是幻想的。它们完全缺乏与事实的联系，是武断地建立在经验之上的。它们是诗意的，是诗的构造与想象推动了它们的发展。把它们与实践联系起来的不是因果关系，而是法术。所以，它们导致了关于生活及其意义的虚幻推论。而这些推论又作为指导性的信念和追求成功的指导思想而进入后来的活动中。”① 从古至今，人们所传承的大量的民俗和信仰，就是以这些具有鲜明的原始思维特征的思想观念为基础，带有朴素性、猜测性、直观性、神秘性，也表现出了一定的整体性。若以现代科学立场去评判，显然无法解释得通。尽管如此，广大民众仍坚持以自己的思维方式去解读民俗事象，民间信仰也以自身的存在逻辑不断调整适应，绵延不绝。

文化是人类的活动，也是一种发展过程。从发生学的视角来看，地理条件不仅在某种程度上决定了文化发生时间的早晚，而且对民族心态的形成和发展也起到了重要作用。② 但它仅仅为文化的形成提供了条件，并不起决定作用。导致民间信仰发生的因素当然

① 高丙中：《民俗文化与民俗生活》，中国社会科学出版社 2001 年版，第 177 页。

② 郭小丽：《原生型文化与边际文化——从发生学视角对比中俄文化的发展特性》，《俄罗斯中亚东欧研究》2007 年第 2 期。

也不止上述所提到的天然审美意识和原始思维观念的影响。其实，某一民俗事象的生成，是多种复杂因素作用的结果，并在不同的时代、地域、社会群体中生发出形质各异、异彩纷呈的民间信仰习俗和文化生态。[①]

二、民间信仰建构的生态基础

自然生态环境是人类社会及民族存在和发展永恒的、必不可少的物质前提。人类在生产、生活的同时也创造出适应其生存的自然环境的文化，民俗文化中的民间信仰就是其中的一部分。特定的生态环境生成了特定的民俗文化，因此在其中必然涉及民众对于人与自然关系的认识，虽然这是一种自发的、朴素的生态意识，但在民俗传承中有意无意地保留了这种意识。[②]

1. 社会历史根源与自然崇拜

民间信仰是社会的物质生产方式和生活方式的独特表现形式之一。在社会发展的每一阶段，社会存在决定社会意识。民间信仰的产生、发展与其赖以存在的自然环境、社会、政治、文化等因素密不可分，存在多重互动的关系。

（1）自然力量的压迫。

原始人类思维活动的对象是周围世界和人类自身，但人类从动物界分离出来后，经历了一段相当长的历史时期，才逐渐地对自然界的存在产生神秘的宗教意识。在原始社会初期，人的思维极其简单低下，超出动物界不远，认识离不开感觉动作，无法形成关于世

① 江帆：《生态民俗学》，黑龙江人民出版社 2003 年版，第 39～40 页。

② 令昕陇：《民间信仰中的生态意识——人与自然相互沟通的文化要素》，《连云港师范高等专科学校学报》2008 年第 1 期。

界的整体联系观念。后来，社会生产力提高了，人的认识深化了，思维能力也逐渐提高。各种外界现象，引起了原始人类的注意，他们学会了观察和思考，例如万物如何形成和变化，天、地、人从何而来以及三者之间的关系，人的生、老、病、死以及做梦是怎么回事等，他们开始认识到自然现象与人类的生存和发展有着密切关系。

千百年来，民众在认识自然、了解自然的过程中，既有对自然界各种事物的接受、顺从和调适，又有对大自然的抗拒、改造和斗争。一方面，人们认识到衣食之源需要自然界伟大的施予。于是，他们逐步养成了靠山吃山、靠水吃水、靠海吃海，从周围环境中求生存的习惯。同时，人们又要鼓足勇气，在大自然面前显示人的存在和力量，产生征服自然、改造自然的冲动，相信人定胜天。无论如何，民众在认识自然和改造自然的过程中付出了沉重的代价，因而也就以人类特有的理性对自然现象进行观察和思考，逐步从不自觉到自觉地将自然界的风调雨顺与人们的辛勤劳作获得丰收紧密联系起来，并将这一切置于同等重要的地位。[①] 另一方面，由于人类与自然界之间这种紧密的依存关系，又使自然界成为奴役人类的异己力量。各种自然灾害不期而

① 侯杰、王小蕾：《民间信仰史话》，社会科学文献出版社2012年版，第6页。

至、季节变化以及人类自身的生老病死等自然现象，威胁和危害着人类的生命财产，使得农业劳作是否能够有所收获也成了问题，“轮番上场”且“无规律可循”的自然灾害给民众的心理造成了莫大的恐惧。在这种情况下，人们除了依凭经验去战胜自然，更多的时候也只能臣服于自然的脚下，并认为自然界存在一种不可捉摸的神秘力量，终日期盼有超自然的力量显示出神威，降恩赐福、消灾减祸、转危为安。在这样的心理驱使下，他们坚信“万物有灵”，借助于想象和巫术信仰等，把自然物神圣化，以此去征服自然和支配自然，于是，那些与人类关系密切的日月星辰、土地、树木、火、风和山川河水等就首先成为被人们普遍崇拜的对象了。

（2）社会力量的压迫。

社会环境也是影响和塑造民间信仰的重要力量。民间信仰习俗本来就是由民众创造并传承的，不可避免地要受到家庭生活方式以及阶级和政治因素的影响。在中国，自周代以来，逐步建构起了以血缘为纽带的宗法制度，并具有相对稳定性。成为社会重心的血缘家族兼具生产、生育、情感支持、教养、娱乐、信仰、政治等诸多方面的功能，确是一个滋养和陶冶人们的信仰与习惯的社会土壤。随着专制统治的建立，“天子”更是以天的意志来管理人间万民，专制统治者及其维护者深知民间信仰

是一把锋利无比的双刃剑，为了更好地从思想上控制民众，稳固专制政权，他们千方百计地对民间信仰加以利用和控制：一方面利用落后思想愚弄人民，把普通民众的思想意志渗透到这些被封神鬼的信仰特殊权能中，从而使人民群众在对它们的信仰过程中接受这种统治阶级的观点；另一方面又用强制手段，改变原有的民间信仰，以适应自己的需要，比如，通过政权的力量制定诸多相关谕令、政策予以限制，当王朝统治者面临民间信仰的冲击和挑战时，统治者们便会毫不迟疑地冠之以各种莫须有的罪名，置之死地而后快。专制社会中的统治者们深知：采用这种间接的教育方式所取得的效果远比现实的道德说教或强制要求要好，更能够深入人心，更具有道德的震撼力。这些说明在统治阶级的思想和普通老百姓的习俗之间，政治是通过中介作用而发挥其影响的。

对于灾难深重的底层民众来说，社会压迫是残酷的，在这一现实面前，广大民众处在被统治、被奴役的地位，从来都是仰视那些与他们处于对立地位的统治者。但民众也并非一味地忍受统治阶级的剥削与压迫，在统治者想方设法利用民间信仰来统治他们的同时，他们也往往以歌舞娱神、敬献供品或向鬼神磕头作揖、顶礼膜拜等各种方式去祭拜、讨好可能有利于自己的鬼神，期望善神护佑、恶鬼远离。由于信仰世界之根源在于现实世界，是对现实社会的反映，因此，我们可以理解处于社会下层的广大民众供奉鬼神之目的在于恳请鬼神对他们实施护佑，使他们能够在祸福无常、吉凶难卜的现实社会中求得生存安全的保障。

(3) 地域生态环境差异。

“各地文化精神不同，穷其根源，最先还是由于自然环境有分别，而影响其生活方式，再由生活方式影响到文化精神。”[1] 虽然自然环境的影响并不是决定性因素，但在民间信仰形成过程中具有不可忽视的作用。这在前文中也有阐述。按照文化生态学的观点，文化首先是人类适应生态环境的产物，每一个人类群体的民俗文化系统的形成，都是该群体所处的独特地理形态和自然环境孕育的。[2]自然崇拜是原始宗教的最初形式，是人们出于对自然的依赖和敬畏，而把自然物和自然现象看成是一种超自然的、异己的神秘力量而产生的一种崇信和敬仰的方式。自然崇拜具有鲜明的地域、气候等自然环境特色，也明显地体现出了所崇拜对象与其生存地区社会生产、生活方式的密切相关性，近山者拜山，靠水者敬水，多风地区崇敬风神等，这种生活文化经代代沿袭传承下来，约定俗成，久而久之便形成了该地特有的民间信仰。

比如，龙抬头是中国民间的传统节日，汉族有，其他民族也有，但主要流行于北方地

① 钱穆：《中国文化史导论》，转引自江映林等：《试论自然科学在我国古代难以推广发展之原因》，《东南大学学报》（哲学社会科学版）2010 年第 S2 期。

② 康君：《从民俗符号学角度看浙西廿八都木雕文化》，《浙江工艺美术》2009 年第 3 期。

区。这是与我国北方地区干旱少雨这一自然环境密切相关的，其实是先民在农业生产过程中求雨和消灭虫患的焦虑心理在日常信仰中的折射。因此，二月初二的龙抬头节对生活在干旱少雨地区的民众来说也就显得格外重要：依靠对龙的崇拜驱凶纳吉，寄托人们对美好生活的向往——龙神赐福人间，人畜平安，五谷丰登。[①]

又如，生活在东南沿海地区的人们多以水上捕捞为生，常年与风浪搏斗，凶险莫测，因此从事水上捕捞生产的民众，在长期的生活经历中，生成了许多带有鲜明地域生态特征的信仰民俗，并得以代代传承。其中，最具代表性的要算始于北宋时期的妈祖信仰。关于妈祖的生卒年，历来有多种说法，比较一致的说法是：妈祖本姓林，名默，为莆田湄洲人，生于宋太祖建隆元年（公元960年）三月二十三日，卒于太宗雍熙四年（公元987年）九月初九。据传，妈祖原是北宋年间福建莆田湄洲湾的一位林姓渔家女子，她擅长医术，经常为乡邻治病；她还熟知水性，通晓气象，民间传闻其多次于梦中救助海上遇难的渔船。我们都知道自北宋以来，中国航海业开始兴盛，浙闽沿海一带海上贸易、渔业日渐发达，货物北运、出口不断增多。但海事活动情况变化多端，由于当时科学技术不够发达，经常发生海上事故和海难，人们渴望平安的心理需求极为迫切。受祈求神灵保佑心理的驱使，按中国阴阳学说，“水神”应为女性才合适，加上妈祖生平事迹和传说在当地的影响，这就奠定了妈祖信仰的民间基础，妈祖信仰应运而生。宋代以后朝廷更是不断给予赐封，妈祖信仰逐渐从民间转为官方公开传播，使妈祖成为最受崇拜的“海神”的地位日渐巩固下来，一直流传至今。古往今

---

① 可参见二月初二龙抬头的来历，http：//hi. baidu. com/zhoubz_ 11825/item/7f9c600f154d96123a53eeda。

来，每年的农历三月二十三日，我国沿海地区的民众都要隆重祭祀妈祖，一如盛大的节日。[1]

上述案例表明，长期以来各地民众在对自然环境的生态适应过程中形成的民间信仰文化，都是以特定的时空条件作为存在和发展的依托。因此，民间信仰的形成要以民众生存所依赖的生态环境为基础。同时，形成的过程也是适应和选择的过程，这种在适应和选择地域生态过程中所生发出来的各种信仰民俗必然深深烙刻着其所生存的自然环境的印记。

知识链接

妈祖文化的起源与分布[2]

妈祖是我国古代的女海神，自宋朝以来，随着航海家们的足迹所至，其影响遍及我国沿江沿海及东南亚各国，成为世界上独树一帜的文化之源。

妈祖文化的起源，与我国航海事业的发展息息相关。我国航海业的历史十分悠久，最晚在隋唐时期，航海技术已相当成熟，与日本、朝鲜及南亚各国的海上往来已十分频繁。宋、元、明三代，海上航运已十分发达，通过海上的对外贸易已涵盖东亚、南亚、澳大利亚的大片区域。既有元朝南粮北运、千重帆影相望的繁荣，更有郑和七下西洋、万里海疆变通途的壮举。

航海是勇敢人的事业，航海的风险是随时存在的。尤其在科技落后的古代，人们抵御自然灾害的能力很差，常有大批航海者在风浪中丧生，所以急需寻求自己的保护神。

---

① 李露露：《妈祖信仰》，学苑出版社 1994 年版。

② 资料来源于莆田文化网，http：//www. ptwhw. com/? post =302，2012 年5 月23 日。

直到宋代，福建莆田县出现了勇于在海上救人的年轻姑娘林默，她的智慧、勇气、善良，受到人们的敬佩和爱戴。林默生于公元960年农历3月23日，卒于987年农历9月9日。她的英年早逝，在航海者心中必然引起无限遐想和猜测，渐渐航海者把她传为神，当作精神寄托。林默犹如在航海者心目中燃起的一盏明灯，照亮了船民们的千里航程。这是航海者心中的愿望，是时代的需要，也和古今中外的各种神明的产生一样，是一种社会阶段和历史发展的必然。

林默卒后，其乡人于同年在湄州岛上建庙祀之，这就是名闻遐迩的湄州妈祖庙。当时庙虽然很小，但在航海者中的影响却非同一般，先由福建船民开始，在船上供牌位、奉香火，之后很快在沿海船民中传开，成为船民们一致认同的海神。

妈祖庙于宋朝天圣年间（公元1023—1031年）进行了扩建。宋高宗绍兴二十六年（公元1156年），褒封林默为灵惠夫人。这是皇帝第一次赐封，从此开始到清朝同治年间，历朝皇帝共赐封36次，封号从“夫人”、“天妃”、“天后”到“天母”，并列入国家祀典。随着妈祖庙的扩建和皇帝的褒封，妈祖的名声越来越大。中国航海者船内均奉有妈祖像，朝夕拜祭。郑和下西洋，每次行前均到妈祖庙祈祷，曾两次奉旨到湄州主持御祭仪式，并扩建庙宇。

从元朝到清朝，我国沿海地区和沿江地区先后修建了大批妈祖庙，北起丹东，南到海南岛，东到台湾，西到重庆，妈祖文化已传播到国内广大地区。据专家介绍，我国大陆现有较具规模的妈祖庙 1 500 座左右。与湄州一海之隔的台湾省，现有妈祖庙也超过 1 500 座，其中，规模和影响较大的就有 430 余座。台湾一省信众就达 1 800 多万人，妈祖成为沟通两岸关系的和平女神。日本人接受妈祖文化后，发展成为妈祖会，以宗教形式规定了朝拜制度。在朝鲜、南亚、北美，有二十几个国家和地区信仰妈祖。有专家估计，全世界现有妈祖庙宇近 5 000 座，信众 2 亿多人。应该说，妈祖崇拜是一种文化现象，妈祖文化已成为整个人类文化的组成部分。这种以“和平、勇敢、关爱”为核心的妈祖文化，已受到越来越多的世人的关注与敬仰。

2. 思想基础与自然崇拜

民间信仰“是人受万物有灵论观念的支配，在异己的自然与社会力量压迫之下，对恐惧和无情世界的情感化处理结果，也是人类受好奇心的驱使，依靠当时的知识和想象力对未知世界加以探究和解释的结果”①。因此，民间信仰的发生“在人们心理活动规律上有着特殊的依据”②。

（1）物我统一的混沌思维。

思维方式是文化的基础，也是文化的核心内容。“中国原始社会造物活动可以追溯到遥远的旧石器时代，那时中华先民的思维处于混沌状态。在这一时期里，中华先民的造物活动不但产生于强烈

① 安德明：《天人之际的非常对话》，转引自令昕陇：《民间信仰的发生及其生态意识》，《齐齐哈尔大学学报》（哲学社会科学版）2010 年第 2 期。

② 安德明：《天人之际的非常对话》，中国社会科学出版社 2003 年版。

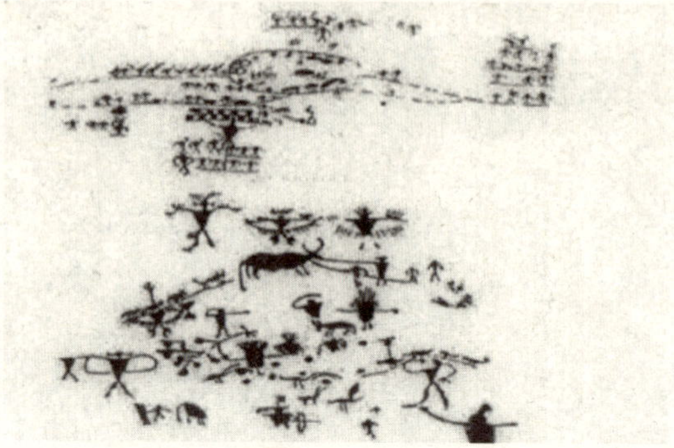

的生存意识和超自然领域的宗教意识两个源头，而且在其发展过程中，始终处于按人意造物与按神意造物两种意识的缠绕之中。这两种意识又相互渗透，难分难解。可以说，从造物之初，人性的实用目的和神性的宗教目的就交织在一起，既有淳朴的一面，又有神秘的一面，从而形成了具有鲜明中国特色的原始社会造物思想，为人类积淀了丰富的物质和精神文化，并对后世产生了巨大而深远的影响。”[①] 物我统一的精神境界中的混沌统一，隐喻着和谐统一、混沌不分的自然本真。其中，人并非万物的主宰，人与自然万物处于一种相亲相和的浑融关系之中。“气形质具而未相离，故曰浑沦。浑沦者，言万物相浑沦而未相离也”[②]，即气、形、质都未分享出来的混然一片的状态。“混沌”这一意象最早出现在《山海经》中，其中记载，“混沌”是一位天神的名字。“天山有神鸟，其状如黄囊，赤如丹火，六足四翼，浑敦无面目，是识歌舞，实为帝江也”[③]，帝江即帝鸿，是“浑敦无面目”的怪兽。

显然，在混沌思维方式中，天地万物都被人格化和神灵化了。

① 范滢：《中国原始社会的混沌思维与造物》，苏州大学硕士学位论文，2009年。

② 《列子·天瑞第一》，转引自国学网，http：//www.guoxue.com/book/liezi/0001.htm。

③ 《山海经·西山经》（第二卷），转引自汪冬梅：《庄子的理想世界——混沌》，《新西部》2011年第4期。

灵与灵之间毫无阻碍，无不通可言。不仅如此，在原始人看来，人与物还可以相互转换，特别是当人死后，他们的灵魂可以转变为物；而当物成灵时，亦可幻化为人。这一观念在我国西部岩画中就有所反映。如浙南古县松阳的驱邪巫画，时常悬挂于大门、中堂和厢房，画面内容主要有虎、龙、麒麟、豺、八卦等，也有出现人、兽、灵共舞的情景，其中老虎是民众公认的吉祥神物，而豺狼却是邪恶的代表，一幅画即将一场正与邪之间的生死较量定格，并赋予了神性的力量。

"野蛮人的世界观就是给一切凭空加上无所不在的人格化的神灵的任性作用……古代的野蛮人让这些幻想来塞满自己的住宅、周围的环境、广大的地面和天空。"① 混沌思维在一定的程度上带有先天的性质，犹如未曾教化的儿童可凭着本能的驱使，以朦胧的意识和未开启的智慧去感受世界一样，难免会把地球理解成平面，把狗猫看成是玩具，把兽畜类化成自己等等。但不同的是，在混沌思维中，思维者常常会通过幻想、想象把思维对象与非对象任意连接，结果使本来真实的事物发生了形变，出现了真实与不真实的兼备形态，甚至完全虚假的形态。因而，原始人类把各种自然现象都说成是一些神奇力量有意识的故意的行为。他们认为，这些神奇的力量看不见、摸不着，不仅控制着自然界的万物，也主宰着人类的命运，因而必须十分崇拜这些力量，并要把这些"异己"的神秘力量，通过信仰的方式和手段都转化成"顺己"、"助己"的力量。②

---

① ［英］爱德华·泰勒著，蔡江浓编译：《原始文化》，转引自陈勤建：《文艺民俗学导论》，上海文艺出版社1991年版，第160页。

② 武文：《民族记忆与地域情韵中国西部原生态文化论稿》，山西教育出版社2009年版；也可参见令昕陇：《民间信仰的发生及其生态意识》，《齐齐哈尔大学学报》（哲学社会科学版）2010年第2期。

于是，信仰就产生了，并成为一种经验。

（2）超自然之神灵观念。

“自然界的变化，尤其是那些最能激起人的依赖感的现象中的变化，乃是使人觉得自然是一个有人性、有意志的实体而虔诚地加以崇拜的原因。如果太阳老是待在天上不动，它就不会在人们心中燃起宗教热情的火焰。只是当太阳从人眼中消失，把黑夜的恐怖加到人的头上，然后再度在天上出现，人这才向它下跪。如果大地上老是结着果实，还有什么理由来举行播种节和收获节的宗教典礼呢？大地上的果实之所以显得好像是出乎天意的、理当感谢的恩赐，只是因为大地时而把它的宝库打开，时而又把它关闭。唯有自然界的交易才使人变得不安定，变得谦卑，变得虔敬。”[①] 从高深的神学理论和现代文明人的眼光看，原始人的神灵观粗俗不堪，但在那个年代，已是一种具有突破性质的观念，是人类认识史上的一次重大飞跃。从石器时代开始，原始人由梦境设想到一种脱离肉身的他者——灵魂的存在，进一步设想出不死的精灵，再设想出创造不死的“神迹”，原始宗教就此产生。它超越了人的渐进式发展，展开想象的翅膀，将人类意识与存在的混沌状态打开，并开始建立“超自然力量”的信念，神灵也就这样诞生了。

超自然之神灵观念使人产生对神的依赖，“原始人一旦在自己的幻想世界里生出超人间、超自然的神灵观念，必然产生对神灵的依赖之感和敬畏之情。随着神灵观念的演进，神的神性愈益崇高，神的权能日渐强大，人对神的依赖感和敬畏感也就相应膨胀。对神的信仰愈是虔诚，人的宗教感情便越发强烈。情动于中，势必发生

---

① ［德］路德维希·费尔巴哈著，荫庭等译：《费尔巴哈哲学著作选集》（下卷），生活·读书·新知三联书店1962年版，第459～460页。

于外”，“或者用某种物质性的实物和偶像象征那本属虚无的神灵，或者用比喻性的语词来表象神灵的性状，或者用模拟化的身体动作再现神灵的活动和自己对神灵作用的感受……”① 这种宗教感情发之于身体便是舞蹈，发之于语言便是神话，当语言和动作尚不足以表达，一种象征出现了。② 一方面，人们对于神灵的依赖，必然表现为向神祈求、对神献祭之类的崇拜行为；另一方面，也是由于对神灵的敬畏，人们又总是规制出对自身行为的禁戒和限制。

（3）自然崇拜与图腾意识。

“中国民众自远古先民起就对神秘的自然环境及与其息息相关的生态系统表现出崇拜的热心，并以这种崇拜为起点，向对更广阔的宇宙空间环境物象的崇拜发展，这样就构成了自然崇拜形式的广阔范畴。”③ 自然崇拜是人类社会发展史上最为普遍的共同信仰形式。它是人们出于对自然的依赖和敬畏，把直接感觉到的自然力、自然现象及自然物视作具有生命、意志和伟大能力的对象而加以崇拜，是早期人类的精神支柱之一。它主要包括天体崇

① 孟慧英：《原始宗教与萨满教卷》，民族出版社 2008 年版。

② 屈梅：《三星堆青铜艺术中纹样符号的审美特色探寻》，《艺术百家》2012 年第 2 期。

③ 乌丙安：《中国民间信仰》，转引自王来灿：《中国民俗学讲稿纲要》，http：//blog. sina. com. cn/wanglaican。

拜、地宗崇拜和灵物崇拜等。在原始人对大自然的崇拜中，天体崇拜是极为普遍的，由于天体时常变化，有时可以给人们带来光明和温暖，有时却给人们带来黑暗、寒冷、酷热甚至灾难。先民对高深莫测、变化无穷的天，怀着深深的敬畏之意。而在天体崇拜中，对太阳的崇拜是最突出的。因为在先民的感知中，太阳既是光明和温暖之源、干旱和酷热之根，又是人们日夜作息的依据，还是农业生产季节划分的标准和作物生长的要素之一。先民崇拜日神，在原始遗物中也有较丰富的证据。比如，在内蒙古敖汉旗赵宝沟文化遗址出土的距今六千余年的陶片上刻画着一幅鸡头正对太阳的图画，被称为“最古老的金鸡报晓图”；在河南舞阳贾湖裴李岗文化遗址出土的距今八千多年的陶缸外壁上，刻着“光芒四射”的太阳纹；在浙江余姚河姆渡文化遗址出土的距今七千多年的骨匕和牙雕器上，刻有栩栩如生的双鸟太阳纹；还有，在江苏连云港发现的号称“东方天书”的将军崖壁画，表现了人面、农作物、星象、鸟兽纹等要素及其关系，考古学家推测这里是新石器时代人类祭祀太阳神的遗址，距今已有 4 000 年。这些历史的遗存，从生态学意义上解读，应当是先民在生产实践中深切地感受到阳光对于人的生存的意义，特别是对于农作物生长的直接作用，人们为祈求丰收和幸福安康而祭拜日神，并在农业社会中迅速成为一种信仰习俗。

土地是人类生存的母体，万物滋生的源泉。因而，先民不仅崇拜天，也崇拜地。地宗崇拜主要包括以大地神为主的对山、石、水、火的崇拜。在先民看来，庄稼、瓜果都是田公地母的威力所致，凡山间古木、怪石均被视为山神栖居之所，从而产生了对土地、山石林木的虔诚的崇拜。在浙南，许多民众会在桥头要冲、房屋一角或村落路边砌一块刻有“泰山石敢当”字样的低矮石碑，以之驱鬼镇宅或护佑村落。其实，泰山石崇拜在石崇拜中是较为突出

的，从时间上看，“石敢当”的名称在两千多年前就已见诸文献，在一千多年前，就已发现“石敢当”碑石。从分布上看，它不仅存在于浙闽粤等地，而且远播海外。① 水和火对于人类生存之意义不言而喻，先民对水、火的崇拜也就是非常自然的一件事了。因为水、火之于民众的日常生活太重要了，经代代相传，水、火崇拜逐渐演绎为各种各样的生活习俗并不断变得丰富。比如，在全国不少地方的民众会将水塘称为龙潭而加以祭祀和保护，在老百姓看来，龙王是专管雨水的神灵，出水的地方就有龙，龙潭是龙神的住所，因而祭龙王也是水崇拜的一种表现形式。又如，浙南不少农村，过年时至今还流行着这样一个习俗，即吃过除夕年夜饭后，家家户户都会把水缸清洗一遍，然后挑上新水把水缸盛满为止。因为当地的人们往往将水视作财，缸满就是财气满，这其中也含有一种辞旧迎新、祈求来年生活更加美好的愿望。

树崇拜和谷物崇拜是最常见的灵物崇拜。在我国，除了少数民族地区比较普遍存在小孩寄拜树木的民间信仰之外，汉族地区的民众自古以来，也存在着这一信仰习俗。比如，有的地方当小孩出生时要选一棵树，在树上拴一根红布条，作为长期的保护神树；有的地方若是小孩体虚常病，还会请巫婆咒树，并将小孩姓名、生辰等

① 陈旭霞：《民间信仰》，河北人民出版社2009年版，第11页。

写在红纸上，并贴到树上，认此树为爹妈，祈求树木的保护等等。在浙南不少村落，至今还保留着一小块青葱林木，多是樟、松、柏、楠等常青树，因为这是风水树，无论是村民还是路人都不敢去动那里的一草一木，害怕破坏本村的风水。同样，在浙南的一些地方，还流行着种“同龄树”或“贺生树”的习俗，即夫妇生育子女后，为新生儿女种下一棵树，这其实是以树喻人，期盼孩子

像树木一样茁壮成长、根深叶茂。此外，树木崇拜中还隐喻着灵魂不死、生死轮回等观念。出于对赖以生存的谷物的崇拜，稻、黍、稷、麦、豆等在古人心目中一直是吉祥之物，为此，人们创造了谷神、稷神以及丰富多彩的以谷物崇拜为主题的民间文化艺术和生活习俗。

图腾崇拜也是人类最初的一种崇拜信仰，它是在灵物崇拜的基础上发展而来的。图腾（totem），原为美洲印第安鄂吉布瓦人的方言词汇，意思是“他的亲族”。图腾崇拜的核心是认为某种动物、植物或无生物和自己的氏族有血缘关系，是本氏族的始祖和亲人，从而将其尊奉为本氏族的标志、象征和保护神。世界各国不少学者，都对图腾崇拜这一既古老又奇特的文化现象做过考察和研究，普遍认为世界上许多民族都曾经有过图腾崇拜，其残余在近现代一

些民族中还可以看到。[1] 图腾崇拜不同于一般的灵物崇拜，它是人类早期建立的最初的维护氏族和部落集团团结的社会整体观念和宗教意识，其中蕴含着先民独特的原始思维及对祖先灵魂的信仰。先民确信，如果尊敬自己的图腾，就会得到它的庇护，并能获得它所固有的超人能力，进而世代相继地传给本氏

族的子孙们。根据现有资料，中国古代图腾崇拜的对象主要有无生物类、植物类和动物类三种。[2] 对石头特别是巨石，或巍峨的石山的崇拜是无生物类图腾崇拜中最常见的。比如，有的氏族将巨石或石山与本氏族的起源联系在一起，作为自己的图腾，有的地方民众将巨石图腾与祖先崇拜结合起来，建庙供奉。植物图腾在民俗资料中也有一些记载。比如，《华阳国志·南中志》记载："汉兴遂石宾。有竹王者，兴于遁水，有一女子，浣于水滨，有三节大竹，流入女子足间，推之不肯去。闻有儿声，取持归，破之，得一男儿，长养有才武，遂雄夷狄。氏以竹为姓。捐所破竹于野，成竹林，今竹王祠竹林是也。"《后汉书·南蛮西南夷列传》、《蜀王本纪》、《水经注·温水注》、《述异记》中均有相关记载。上引神话说明了

① 张集青：《龙图腾的起源》，《群文天地》2011 年第 13 期。
② 陈旭霞：《民间信仰》，河北人民出版社 2009 年版，第 27 页。

该民族在氏族形成时期认为人类诞生于竹，竹与人类有血缘关系以及视竹图腾崇拜的史实。[①] 再如，我国大多民族都有过人从葫芦里诞生的传说，因葫芦具有体轻、防潮较好、浮力大以及外形似女性子宫等特征，不少地区一直都保留着对葫芦崇拜的信仰习俗，在一些少数民族地区，人们外出捕鱼或出远门时还会在腰间拴一个或几个葫芦；在汉民族历史上有着把葫芦作为祖先崇拜的习俗，《诗经·大雅·绵》所描述的“绵绵瓜瓞，民之初生”，就是把绵绵不断的葫芦，作为华夏民族的始祖诞生之所；《搜神记》、《水经注》中将“盘古”写作“盘瓠”，也为葫芦的别称。关于这类传说，其他民族在叙述上尽管情节有所不同，但都有人类始祖出自葫芦的意思。[②]

图腾信仰崇拜中，分布最广、数量最多的是动物图腾。在我国，传播最广泛、影响最深远的图腾莫过于“龙”了。“就最早的意义说，龙与凤代表着我们古代民族中最基本的两个单元——夏民族和殷民族，龙是原始夏人的图腾，凤是原始殷人的图腾……因之把龙凤当作我们民族发祥和文化肇端的象征，可说是再恰当不过了。”“它（指龙）是由许多不同的图腾糅合成的一种综合体”，是“蛇图腾兼并与同化了许多弱小单位的结果”。[③] 在我国少数民族的图腾信仰中，动物崇拜也是非常普遍的，如虎、牦牛、猴、羊、熊、蛙、蛇、鹰等是纳西族先民的图腾，鄂伦春和鄂温克族都把熊视为祖先，而壮族先民崇拜的图腾则包括了水牛、虎、蛙、黄牛、犬、羊、蜂、鳄、蜘蛛等十几种动物。我们今天仍在使用的十二生

① 麻国钧：《竹崇拜的傩文化印迹——兼考竹竿拂子》，《民族艺术》1994年第4期。

② 陈旭霞：《民间信仰》，河北人民出版社2009年版，第30页。

③ 乔志航编：《闻一多学术文化随笔·龙凤》，中国青年出版社2001年版，第3页。

肖的纪年方式，也与古代图腾信仰有着密切的关系。[①] 其实，各类图腾也都还有相应的禁忌，图腾崇拜除信仰成分外，在很大程度上为当地这些动植物的保存和繁殖提供了条件，维护了生态系统的平衡。

祖先崇拜是继图腾崇拜之后出现的，信仰祖先、祭祀祖先，目的是为了祈求庇佑于后代。祖先崇拜的核心是“祖灵”观念。[②] 它集中反映了广大民众对于祖先灵魂的认识，认为祖先死后，物质的人不存在了，灵魂是不灭的、永恒的，作为一种有超人力量的祖灵，既可护佑于人，也能作恶于人。因此要进行祭祀、供奉，以求他（她）永远成为部落、宗族和家庭的守护者。同时通过祭拜，也能潜移默化地使人服从自己所属的宗族位置，各安其位，从而达到氏族内部结构和秩序的稳定。祖先崇拜主要包括始祖崇拜和家祖崇拜。

女娲、伏羲、黄帝、炎帝等在我国历史上一直都是以先祖的身份备受民众祀奉，至今仍深刻地影响着民众的日常生活，并成为海内外华夏儿女寻根认祖的重要纽带。家祖崇拜的重要内容是祭祀，主要有庙祭、家祭、墓祭等。通常，祖先崇拜还与神秘的风水观念紧密结合，家族或宗族组织为了保护祖宗的“龙脉”或“风水”，禁止

① 魏源：《源远流长的动物图腾文化》，http://www.sina.com.cn，2009 年 10 月 9 日。

② 令昕陇：《民间信仰的发生及其生态意识》，《齐齐哈尔大学学报》（哲学社会科学版）2010 年第 2 期。

外人或族人在祖坟山上或附近种植某些经济作物，禁止砍伐祖坟山上及其周围树木，有意无意之中避免了水土流失。从这个意义上说，祖先崇拜源于人们对祖灵畏惧、祈求的意味，在客观上却对生态环境起到一定程度的保护作用。

3. 心理机制与自然崇拜

民间信仰渗透在民众生活的每一个方面，这种信仰文化的产生和发展有其独特的心理机制。

（1）民间信仰的功利心理。

“生活的首要任务是生存，人是从‘行动’而不是从‘思索’中开始自己的历程的。”① 民俗建构的动力是需求，需求促使人去行动。从文化发生学的角度来看，人类最初的文化行为，都是出于直接的功利目的。“民俗是为一时一地的所有需求而设的”，所以，民间信仰也是因“需求”而产生的。

原始先民在很长一个历史时期里对客观物质世界及人类本身缺乏知识，长期以来，广大民众也不能对变幻莫测的自然现象作出科学的解释。因此，人们在经验中逐渐构成了对大自然及周围事物的信仰，并把这种信仰观念外化为崇拜活动，占卜、祭祀、祈雨、咒术等各种充满神秘色彩的原始崇拜不断出现。因为人们从自身的经验中认识到，大自然中的万物一方面施恩于人类，另一方面又加害于人类，所以先民感到无限惊恐，只有低下头来惶恐地站立于自然的面前，占卜、崇拜、祭祀、祈祷以求得神灵的免灾与赐福。可以说，“宁可信其有，不可信其无”是一种普遍心态。这样，原始信仰自产生开始便具有先民特殊的功利心理。

① 毛巧晖：《解读汉族民族史的另一把钥匙——评〈汉族风俗文化史纲〉》，《广西师范大学学报》（哲学社会科学版）2003 年第 3 期。

“原始人相信有许多精灵存在，但是他们所崇拜的只是其中的几个。”[1] 受到崇拜的那些精灵，既是由人们所生活的自然环境决定的，也是由人们生产生活的实际需要来决定的。自古以来，普通民众都是天灾人祸的主要受害者，他们无时无刻不在寻求救助并关心最切身的利益，当他们通过劳动与斗争能满足一部分需求时，便尽可能依靠自己的力量，此时，神灵是虚幻的外在之物，“寺庙神龛形同虚设”；一旦遭遇到人力不可抗拒的天灾人祸，他们便不顾一切地烧香叩头，供神祭鬼，向各路神仙鬼怪等超人的魔力求救，向助己之神灵献礼，向异己之神灵献媚，恳请神异力量赐福去灾，祛病降吉。因此，民间信仰行为中有人神之间“许愿”、“还愿”的功利交换意义。比如，某地久旱不雨，乡民们求雨时便许下“唱戏三天”的诺言，表示降雨后一定举办盛大的龙王庙会，演唱大戏三日以谢神。

知识链接

龙王信仰的主要文化质[2]

——因干旱带来的求雨心愿（包括大灾厄运信仰传承的一些实例、传说等多项民俗文化质）；

——龙王崇拜与信仰的传承（包括龙王神灵的信仰体验，如显灵、作祟等信仰传说以及外地向龙王祈雨灵验的经验借鉴）；

——建龙王庙（包括民间发起集资、地方官绅筹办、祭司职业者的化缘、信徒布施、择日动工、建庙过程中的所有带有信仰性质

---

① ［俄］普列汉诺夫：《普列汉诺夫哲学著作选集》（第三卷），转引自岩改：《试析佤族原始宗教与文化艺术的关系》，中国民族宗教网，http：//www. mzb. com. cn/html/Home/report/337604－200020001. htm，2012 年 10 月 21 日。

② 资料来源于江帆：《生态民俗学》，黑龙江人民出版社 2003 年版。

的行为)；

——请龙王神像或请龙王神位、牌位(包括泥塑、木雕、彩绘、安神、开光仪礼、神座、神案、供器等)；

——祭日(包括固定祭日、非固定祭日、约定俗成的祭时等)；

——祭龙王会组织(会首及诸执事人员及职司的安排)；

——祭牲(包括猪、羊、蒸供、果品酒水等各类祭品及家祭供品)；

——香火、纸表、符帖、蜡烛(制作、发卖、献祭)；

——祭龙王仪式程序：日常仪礼、非常时期(如干旱)仪礼、龙王出巡(抬神像或神威的队伍人员构成、排列方式)、文求雨(善求雨)、武求雨(恶求雨，求雨者以伤害自己的种种行为向龙王作以人献牲表示，或将龙王神像抬到烈日下曝晒等)；

——祈雨者的装束、法器(头戴柳圈、手执柳条、赤膊、赤身)；

——许愿(包括大祭仪礼中的心愿：重修神庙、再塑金身、披红挂匾、唱戏相酬等，也包括各家各户家祭许愿)；

——谢降(还愿，唱还愿戏、加冠披彩等许愿内容的兑现)。

某地祈雨仪式——祈雨程序[①]

一、起鼓、开坛、请神（6日晚23：00至7日凌晨2：30）

二、百姓求愿、介绍旱情

三、诵经文恳求玉帝为百姓降甘霖

四、宣读祝文

五、诵经文（数次）

六、祭水泉

七、拜三界坛求水

八、拜玉帝求水

九、拜读本庙主神汇玉帝经文

十、三宝坛三界坛汇合祈雨仪式

十一、祈雨经文尾声

十二、谢神

十三、普施

费孝通先生曾说："我们对鬼神也很实际，供奉他们为的是风调雨顺，为的是免灾逃祸。我们的祭祀有点像请客，疏通、贿赂。我们的祈祷是许愿、哀乞。鬼神对于我们来说是权力，不是理想；是财源，不是公道。"[②] 民众之所以选择各种手段与神鬼仙佛打交道，并进行着利益上的酬答互换，重则捐资修庙，再塑金身，轻则晨昏三叩，焚香供祭，目的在于通过随时可行的仪式与信仰表达满足自己消灾趋福、延年益寿等方面的心理需要，无不烙印上功利的

① 《泉州九日山祈雨仪式》，泉摄网，http：//bbs. qzphoto. com/showtopic. aspx? topicid = 110371&forumpage = 1&onlyauthor = 1。

② 侯杰、王小蕾：《民间信仰史话》，社会科学文献出版社2012年版，第6页。

痕迹。于是，在民间，诸神均被不断赋予各种各样的功用，接受民众的祭拜，满足人们的各种诉求。其实，当民众以各自现实利益为价值追求对待鬼神之事时，自然也会在现实社会中生发出一种务实的生活态度：对自身利益相关的事物趋之若鹜，对自身无关或无益的事物避而远之，凡事均以自我的利益需求为依归。在这种实用主义理念下生成和发展的民间信仰，所期望的是“现世现报”和“有求必应”，他们并不是把民间信仰作为拯救灵魂和对人生本位的追求和把握，而是成为改善个体生活状况和心理状态的工具。这也就是说，民间信仰生活中没有无所求的祭祀，只要行祭，民众就一定在物质生活上或精神上有各种各样的索求。即使在普通节日祭祀时，也常有娱乐的意思在其中。当然，民众的这种接受方式不是一种人文精神的追求，而是苦难生活的所迫。①

也正因如此，民间信仰在发展中也不断强化对那些有实用价值和意义的鬼神的崇拜，如对发财致富有功能的财神、对航海起护佑作用的妈祖等，倍加崇信；凡是灵验的神庙、寺院，香火都会很旺，民众会不远万里去朝拜，一方面是宗教的承诺，另一方面也是民众的期望。同时，也不断淡化对那些已逐渐失去实用价值的鬼神崇拜。这些都可以看出民间信仰始终以最实际功利要求作为崇拜鬼神的一把度尺，来调节人们与鬼神之间的关系，也能很好地反映出民间信仰在中国的入世性质和民间信仰者的实用心理。民众出于实用心理信仰，靠实用的结果来维持信仰。恩格斯曾认为，“在一切实际事务中……中国人远胜过一切东方民族……”②，便是这种实用理性的表现。

① 梅霞林：《浅析中国的民间信仰》，《湖南科技学院学报》2006 年第 1 期。

② 《马克思恩格斯全集》（第 12 卷），人民出版社 1960 年版，第 190 页。

(2) 民间信仰的宗教心理。

“一切宗教都不过是支配着人们日常生活的外部力量在人们头脑中的幻想反映，在这种反映中，人间的力量采取了超人间的力量的形式。”[①] 恩格斯在《反杜林论》中对宗教本质这一论断，同样也适合于民间信仰。金泽先生曾在其所著的《中国民间信仰》一书中提出：中国民间信仰的形态是由不同层次所构成，它以灵魂信仰为核心，自然崇拜为外层，生命礼仪为内层，图腾、祖先、行业神等在内外层之间构成宽阔地带；民间信仰从根本上说是一种宗教信仰，但它在要素上只能是原始宗教的继承者。21 世纪以来，金先生对其论述进行了补充，指出民间信仰处于宗教与民俗之间。[②]

宗教心态是信仰赖以生长并吸收养分的精神土壤，是对“人外力量”即“超自然力量”信仰的基础。[③] 从民间信仰与宗教产生和存在的心理根源上讲，冯特认为宗教观念起源于原始人的恐惧情绪，特别是由死亡和疾病所引发的强烈恐惧。民间信仰也同样如此，它关注普通民众，特别是弱势群体的需求和呼声，给予人们精神支柱，为心灵提供一个庇护所，以化解人们对现世人生的不满与

① 胡联合：《辩证认识宗教对社会稳定与发展的双重作用》，《毛泽东邓小平理论研究》2004 年第 11 期。

② 路遥等：《中国民间信仰研究述评》，上海人民出版社 2012 年版，第 4 页。

③ 薄慕洲：《追寻一己之福》，转引自路遥等：《中国民间信仰研究述评》，上海人民出版社 2012 年版，第 2 页。

困惑。

其实，人类赖以生存的是自然界，最初害怕的当然也是自然的力量。在人类社会的早期，人们对自然界的异变，对天灾、病丧等既不理解，也无力抗争，面对优越于自身的超自然力量的存在和灵魂的存在，往往采取宗教的态度，即自然宗教的意识，将自然力量神化为众多的神，然后借助于祭祀以及其他方式表达人们的愿景，以祈求神灵为人们带来所期待的帮助或结果。人们的行为总是为此遵从着他们的这种信仰。尽管这种信仰并不能满足世俗的一切愿望，但也总能给人们带来精神的抚慰和幻想的幸福。民间信仰也是人类认识和把握世界的一种方式，它既试图帮助人们认识和把握外部世界，也试图引导和帮助人们去认识和把握内部世界以及两者之间的那些可知或不可知的关联。[①] 然而它倡导的却是一种盲目的、依照无批判接受的原则进行思考的方法，从而又限制了人们积极地、能动地去认识世界，因而这一信仰从产生之时就已包含了宗教的意义。

信仰世界是以世俗世界为基础的。民间信仰同宗教一样，作为一种社会意识形态，它总归是社会存在的反映。宗教信仰就是人们将自身生存的现实世界通过幻想从世俗人间搬到幻想的天国，从而创造出一个与人类生活的世界类似的，但是更加符合自身期望的美好的鬼神世界。在这个虚构的“美好”世界中，人们获得了精神上的慰藉和情感上的依托。民间信仰这一思维观念作为人类社会早期的产物，也是人类社会发展到一定阶段的必然结果。通过前文的阐述，我们已经可以清晰地感受到，民间信仰的产生与先民所处的社会历史背景和赖以生存的自然生态环境有着密切的关联，是先民基

① 金泽：《民间信仰的聚散现象初探》，《文史哲》2006 年第 1 期。

于“万物有灵”的思想，以他们特有的直观混沌思维去辨别周围未知的世界，以其特殊的心理机制祈求与自然界的和谐统一，或消解及征服自然力的威胁，以自有的

习惯来维持生产、生活和族群的秩序，保证种族的延续。这是人类对自然界的本能感应，也是一种原初性的生态认知。

第二编　浙西南民间信仰概述

浙西南民间信仰的发展和演变受到多种因素的影响和制约，除自然生态环境这一重要因素的影响，诸如吴越文化传统、历史上的人口迁移和文化交流、社会经济和生活方式的变化以及官方的态度和政策等，都对浙西南民间信仰的演进趋势起着一定的作用。浙西南城乡居民民间信仰活动的某些地域性特征，正是在诸多因素的作用下形成的。

一、浙西南的自然地理与人文环境①

浙西南（丽水），古称处州，地处浙闽两省交界处，在东经118°41′～120°26′和北纬27°25′～28°57′之间。东南与温州市接壤，西南与福建省宁德市、南平市毗邻，西北与衢州市相接，北部与金华市交界，东北与台州市相连。浙西南（丽水）以中山、丘陵地貌为主，地势由西南向东北倾斜，西南部以中山为主，有低山、丘陵和山间谷地；东北部以低山为主，间有中山及河谷盆地。全市土地面积17 298平方公里，其中山地占88.42%，耕地占5.52%，溪流、道路、村庄等占6.06%，是个“九山半水半分田”的地区。丽水市山脉属武夷山系，主要有仙霞岭、洞宫山、括苍山，山脉呈西南向东北走向，分别延伸西北部、西南部和东北部。海拔1 000米以上的山峰有3 573座，其中1 500米以上的山峰244座，龙泉山黄茅尖海拔1 929米，百山祖海拔1 856.7米，分别为浙江省第一、第二高峰。

浙西南（丽水）境内有瓯江、钱塘江、飞云江、灵江、闽江、

① 相关数据和地理历史资料来源于丽水市政府网。

交溪水系，水系与山脉平行走向，仙霞岭是瓯江水系与钱塘江水系的分水岭，洞宫山是瓯江水系与闽江、飞云江和交溪的分水岭，括苍山是瓯江水系与灵江水系的分水岭。各河流两岸地形陡峻，江溪源短流急，河床切割较深，水位暴涨暴落，属山溪性河流，由于落差大，水力资源蕴藏丰富。瓯江是丽水市第一大江，发源于庆元县与龙泉市交界的洞宫山锅帽尖西北麓，自西向东蜿蜒过境，干流长388公里，境内长316公里，流域面积12 985.47平方公里，占全市总面积的78%。位于瓯江上游龙泉溪的紧水滩电站水库即仙宫湖，面积43.6平方公里，是全区最大的人工湖泊。

丽水市属中亚热带季风气候，四季分明，温暖湿润，雨量充沛，无霜期长，具有明显的山地立体气候。年平均气温11.5℃～18.3℃，年平均日照1 712～1 825小时。无霜期180～280天。年均降水1 400～2 275毫米。海拔400米以下地带，入春在3月中旬至下旬；入夏在5月底至6月上旬；入秋在9月中旬后期至下旬前期；入冬在11月下旬至12月初。春季72～88天；夏季102～116天；秋季63～69天；冬季105～124天。海拔每升高100米，平均入春推迟2～3天，入夏推迟3～4天，入秋提早3～4天，入冬提早2～3天；春季延长1天左右，夏季缩短7～9天，秋季延长2天左右，冬季延长4～6天。春季：天气变化快，温度起伏大，多阴雨、冰雹和大风天气。夏季：初夏梅雨期，雨量集中，暴雨次数多，常造成洪涝灾害；盛夏除偶有台风使局部产生雷阵雨外，以晴朗炎热天气为主，日照强，气温高，蒸发快，常有伏旱。秋季：秋雨期短，秋高气爽，常伴有秋旱。冬季：西北季风盛行，寒冷干燥，北方寒潮南下，多霜冻和冰雪天气。

浙西南（丽水）历史悠久，据考古发现，早在4 000多年前就有人类活动。隋朝开皇九年（公元589年）建处州，592年改为括州，607 年改为永嘉郡。唐朝武德四年（公元 621 年）复改为括州，779 年改为处州。元朝至元十三年（公元 1276 年）改为处州路，1359 年改为安南府，随后改为处州府。明朝景泰三年（公元 1452 年）起，处州府辖丽水、松阳、缙云、青田、遂昌、庆元、龙泉、宣平、云和、景宁 10 县。1911 年辛亥革命后设立处州军政分府。民国元年（公元 1912 年）撤销处州军政分府，先后由瓯海道和丽水、第九、第六、第七行政督查区管辖，辖丽水、松阳、缙云、龙泉、庆元、宣平、景宁、云和 8 县。1949 年 5 月解放，10 月设丽水专区，1952 年撤销专区，各县分别划入温州、金华、衢州专区管辖。1963 年 5 月恢复丽水专区，辖丽水、青田、缙云、遂昌、云和、龙泉 6 县。1968 年改称丽水地区，1978 年设立丽水地区行政公署。其中：1973 年恢复庆元县；1982 年恢复松阳县；1984 年设立景宁畲族自治县；1986 年撤销丽水县，设立县级丽水市；1990 年撤销龙泉县，设立县级龙泉市；2000 年撤销县级丽水市，设立莲都区。2000 年 7 月 19 日撤销行署建制，设丽水市，辖莲都区、龙泉市和青田、缙云、云和、庆元、遂昌、松阳、景宁 7 县。

丽水市有汉族和 35 个少数民族。全市少数民族

有：畲族、苗族、土家族、布依族、侗族、蒙古族、回族、彝族、拉祜族、哈尼族、壮族、满族、水族、佤族、傣族、白族、朝鲜族、瑶族、黎族、藏族、布朗族、仡佬族、傈僳族、维吾尔族、仫佬族、土族、阿昌族、纳西族、达斡尔族、锡伯族、鄂温克族、赫哲族、高山族、塔塔尔族、哈萨克族。据第五次人口普查，少数民族人口共90 600人，占全市总人口的4.28%。少数民族以畲族为主，有人口71 900人，占全市少数民族总人口的79.4%。主要分布在9个县（市、区）的176个乡镇（街道办事处）、1 283个行政村、2 196个自然村。畲族人口在5 000人以上的县（市、区）有莲都、景宁、遂昌、云和、龙泉、松阳，1 000人以上的乡镇（街道办事处）有33个，畲族人口占30%以上的行政村有198个。设有景宁畲族自治县、7个畲族乡镇。

全市有基督教、天主教、佛教、道教、伊斯兰教，其中以基督教、天主教、佛教为主。基督教、佛教分布在9个县（市、区）。天主教分布在青田、莲都、龙泉、遂昌等4个县（市、区）。此外青田县有正一派道士、莲都区有回民信伊斯兰教。全市共建立市级宗教团体1个（市佛教协会）、县（市、区）级宗教团体31个（包括筹备组）。近年来，全市各宗教团体的宗教活动基本正常，宗教队伍基本稳定。

作为浙西南山地生态区的主要组成部分和浙闽六大水系干支流的源头地区，丽水最大的优势是生态优势，被誉为“秀山丽水、浙江绿谷”和华东地区最大的“天然氧吧”，森林、水能、矿产、野生动植物等生态资源的总量居全省首位，森林覆盖率、林木绿化率分别达到80.79%、81.62%，林木蓄积量占全省的25%；可供开发的水利资源储电量占全省的40%，矿产资源潜在经济价值超过500亿元，列入国家一、二级保护的珍稀动物种类占全省的

71.7%，列入国家一、二级保护的珍稀植物种类占全省的62.5%；生态旅游资源丰富多样，旅游资源单体超过2 000个，其中优良单体有353个。丽水还是全国第一个

地级市、综合性的“民间艺术之乡”和第一个“摄影之乡”，摄影文化、巴比松油画文化、石雕文化、剑瓷文化、黄帝文化、好川文化、廊桥文化、畲族文化、华侨文化、香菇文化等诸多特色文化元素构成了丽水的绿谷文化。

知识链接

好川——浙西南文明的起源地①

好川文化是距今4 000年前后的新石器时代晚期的文化，是浙江省继河姆渡文化、马家浜文化、良渚文化之后确立的又一支考古学文化，是浙西南地区史前考古发掘研究的重大突破，填补了浙西南地区无史前文明的空白。好川墓地的出土文物，说明好川文化既有其受到周边文化影响的因素，又有自身独特的文化特征。从墓葬情况及出土器物可以知道，好川文化时期已经出现了贫富分化和阶

① 资料来源于遂昌信息港，http：//www.sc0578.com/html/suichanglvyou/lishiwenhua/200902/07－564.html，2009年2月7日。

级，已经有了文明的曙光，并且从好川文化的迁徙与传播情况可得出结论，好川地区是浙西南文明的起源地。

墓地规模大，墓葬数量多，以大中型墓葬为主，小型墓葬仅8座，占墓葬总数的10%。墓坑宽大，平面几呈方形，墓坑的长、宽系数大多小于1.5，大于2的无一发现。不同等级墓葬的随葬物品悬殊，大型墓葬品种类齐全，数量多，制作精；小型墓葬随葬品种类不全，数量很少。

随葬品以陶器为主，有少量玉器、石器、漆器，其中陶器762件，玉器98件，石器142件，漆器26件。陶器以泥质灰陶居多，泥质灰胎黑皮陶占一定的比例，夹砂陶、印纹陶少量。鼎（三足盘）、簋、钵、豆、罐、杯为随葬陶器的基本组合。陶豆数量占随葬陶器总数的一半以上，形式丰富，颇具特色。玉器多锥形器、玉珠等装饰品；漆器上几何形曲面玉片数量较多，在4座墓葬中发现的12件三重台阶状（祭坛状）曲面玉片为其他遗址、墓葬所不见；玉仅在7座大中型墓葬中发现8件；琮、璧等未见。石镞95件，是数量最多的石器。石锛34件，石钺11件，三孔石刀1件。没有发现石耨刀、斜柄石刀、石犁等农耕用具。

墓葬的头多朝向东南，绝大多数墓葬的墓向为95°至160°，仅10座墓葬的墓向为27°至55°，表明好川文化受共同的原始宗教的制约。葬具外填土内放置随葬器物，也是好川文化颇具特色的葬俗。

好川文化陶器从墓葬随葬品看，夹砂陶数量不多，但夹砂陶釜始终存在，夹砂陶鼎数量很少，可能作为陶鼎替代器的泥质陶三足盘数量不少，表明好川文化可能在仙霞岭山地为适应环境而有生产方式和生活方式的变化，反映精神意识的葬俗则保留了其原有的文化传统。

粉砂状泥质灰陶是好川文化最主要的陶系，泥质灰胎黑皮陶有一定的数量，这是好川文化陶器的一大特点。好川文化陶豆特别发达，陶豆数量超过其他陶器数量的总和，占出土陶器总数的57%。陶豆形式丰富，形制演变轨迹清晰，发展序列明确。豆形体高大，豆盘很浅，豆盘下有发达的垂棱，豆把上先进的圆形、三角形镂孔是好川文化陶豆最显著的造型特征，也是好川文化陶豆极具特点的装饰风格，它们构成好川文化的一个鲜明的文化特征。部分陶豆的口垂棱、圈足部位还有朱红彩装饰，这可能反映了当时人们是从侧面观察和欣赏这些陶器，相当一部分可能是有着特殊用途的陶礼器。

陶器中的另一个显著特征是水器多，各有自己的发展序列。鬶、杯、盉等不同形态的水器有着不同的用途。鬶应是烧水的主要器具，杯无疑是喝水的用具，而盉很可能是用来盛水、盛酒的。部分陶杯、陶盉也有朱红彩装饰，有些可能是作为礼器使用的。三喙罐也为好川文化所特有。

好川文化陶器的又一特色是出现少量的拍印条纹、曲折纹陶器和青灰色硬陶器，这些严格意义上不属于几何纹陶范畴，但它们应该是几何印纹硬陶的滥觞。

好川文化的石器以镞为主，石锛次之，石钺不多，石刀仅1件。石锛以桂叶形扁薄长铤镞居多，且最具特征，柳叶形石镞较少。石锛形体都很少。石钺窄长形、斜刃、梃钻孔、并列双孔均是其自身的形制特点。

好川文化玉器经鉴定，多为透闪石—阳起石系列软玉。器形多是体量很小的锥形器、珠及几何造型的曲面玉饰片，玉钺不多，琮、璧等玉礼器没有发现。锥形器尾榫部均无小孔，绝大部分素面无纹。玉钺有宽短、窄长两型，斜刃多崩缺，与石钺一样有并列双孔的。

亚腰形漆器、柄形漆器是好川文化又一具有鲜明特征的器物，很可能是好川文化象征某种身份地位的“礼器”。漆器上的饰物经历由石质到玉质的变化过程。镶嵌几何形曲面玉片漆器集中体现了好川文化精湛的玉作工艺和高超的漆器制作工艺技术。三重台阶状玉饰片目前为好川墓地所独有。

好川文化是一支分布于浙西南仙霞岭山地的新石器时代末期的考古学文化。通过类型学排比，与相关文化的比较研究推断出好川文化的年代上限在良渚文化晚期，下限至夏末商初，约距今 3 700 年至 4 200 年，前后积年 500 年左右。

好川文化与周边的良渚文化、花厅基地、昙石山文化、樊城堆文化、山背文化、石峡文化、肩头弄文化、马桥文化以及松阴溪流域商周文化有着密切的联系，又有着浓厚的个性特征。它的文化面貌新颖独特，文化内涵丰富多彩，文化因素多元特点明显，因此许多考古学家将此命名为“好川文化”。

好川文化遗址的发现填补了浙西南浙闽赣三省交界地区新石器时代考古的空白，为当地考古学文化发展谱系的建立奠定了坚实的基础，同时也为一些重大学术问题提供了有益线索，是浙西南史前考古的重大突破。现在《好川墓地》的发掘报告已于 2001 年 12 月出版发行，许多考古学界专家正在对好川文化的内涵进行深入研究。但是根据好川文化遗址周围采集到的一些陶片及石器分析，在好川文化遗址周围还应该有另外的人类遗址遗迹，尚待进一步勘探发掘。

从好川墓地的规模看，好川人类的生活区是一座规模庞大的“村寨”，好川人类生活的环境、民俗风情、住宅的建筑风格等未知领域，都有待于对好川文化遗址周围地区进一步勘探发掘后进行深入探索研究。

2002 年 11 月在温州鹿城老鼠山发现一处好川文化遗址，发掘面积达 635 平方米，共清理了 35 座好川文化墓葬，6 座唐代墓葬，并发现了好川文化连片的石构建筑遗迹，出土了 1 000 多件石器、陶器、铜器以及大量陶片，它的发现加深了人们对好川文化分布状况的了解，同时，也为研究好川文化聚落布局特点以及社会结构等提供了丰富的资料。

二、源于自然崇拜的民间俗神信仰

对日月星辰、天地山川等自然物和自然现象以及各种动植物的崇拜是各类原始崇拜中肇端最早且影响深远的一类，后世的民间俗神大多来源于原始的自然崇拜。不过，在自然神向民间俗神转化的过程中，绝大多数已被人逐渐神化，并被赋予多种社会和人事的职掌。

1. 佛道俗神信仰

（1）始祖神——黄帝。

黄帝，中国古史传说时期最早的宗祖神，华夏族形成后被公认为全族的始祖。传说是上古帝王轩辕氏的称号，姓公孙，生于轩辕之丘，故称为轩辕氏。黄帝在位时，国势强盛，政治安定，文化进步。《易·系辞》、《世本·作篇》等各种文献都称黄帝时期有许多发明创造：属于生产技术方面的，有穿井、做杵臼、做弓矢、服牛乘马、做驾、做舟等；属于物质生活方面的，有制衣裳、旃冕等；精神文化方面则有做甲子、占日月、算数、调历、造律吕、笙竽、医药、文字等。上古时期，约在姬水一带（即东起渭水西讫湟水之间，今陕甘青地境的古齐家文化区域）形成了较为先进的黄帝族，与住在姜水（在今陕西岐山、武功附近注入渭水）一带的姜姓炎帝族世代互通婚姻。后黄帝族后裔中的一支进入今山西南部，创造了夏文化，遂称夏族。夏族进入中原建立了中国第一个王朝夏代。《国语·晋语》及《世本》和《大戴礼记》中的《帝系》，都说黄帝是少典之子。《战国策·秦策》记苏秦把“黄帝伐涿鹿而禽蚩尤”与尧伐驩兜、舜伐三苗、禹伐共工、汤伐夏、武王伐纣并称，表明这是黄帝一生中主要的战绩。黄帝族经过夏、周两代与其他各族的冲突、交往与融合，到战国时期形成了统一的华夏族。《世本》及《大戴礼记》的《帝系》将各族的宗神和祖先编排成黄帝一系的分支，构成了完整的血缘世系。从此人们总把黄帝与炎帝并举，来表示华夏族从炎、黄开始已有源远流长的历史。[①]

浙西南祭祀黄帝始于西汉初年，数千年来一直流传着轩辕黄帝

① 唐星：《华夏族被公认为全族的始祖》，http：//www.sn.xinhuanet.com/misc/2012-03/28/content_24973560.htm，2012年3月28日。

在缙云仙都鼎湖峰驭龙升天等传说和有关黄帝的文献，这些传说和文献远播江南各地，形成了积淀深厚、源远流长的黄帝文化，从而使浙西南缙云成为我国南方地区祭祀轩辕氏的唯一场所。据古籍记载，早在春秋时期，浙西南缙云就与黄山、庐山一起并列为黄帝行宫之一，被称为“三天子都”。黄帝传说是缙云仙都轩辕祭典人文内涵的基石。①

黄帝祠宇是国家级重点风景名胜区——仙都最主要的人文景观。它位于缙云仙都山主峰和步虚山之间的苍龙峡口，传说是黄帝驾龙登天之处，因而也就成为我国南方地区祭祀黄帝的重要场所。黄帝祠宇前身称为缙云堂，约建于东晋成帝咸和至咸康年间（公元326—342年）。唐天宝七年（公元748年）唐玄宗李隆基敕改缙云山为仙都山，为满足江南百姓祭祀轩辕黄帝的需要，改建定名“黄帝祠宇”。由著名小篆书法家，时任缙云县令的李白叔父——李阳冰撰额。后毁于战火，南宋咸淳三年（公元1267年）扩建，占地30多亩，达到鼎盛。后毁于明末战火。直到1994年经国家建设部批准，1998年缙云县人民政府重建具有永久纪念性质的“黄帝祠宇”，恢复中华民族始祖黄帝“北陵南祠”的格局，使仙都黄帝祠宇重新成为江南百姓祭祀黄帝的圣地。

---

① 潘力峰：《丽水民俗活动大观》，中国文史出版社2010年版，第5页。

相传轩辕黄帝统一天下后在缙云仙都炼丹升仙。几千年来，缙云逐步成为南方地区黄帝文化传播和辐射的中心，与北方陕西黄陵遥相呼应，形成了“北陵南祠”的格局。缙云县从1998年开始每年分别进行一次公祭黄帝典礼和民祭黄帝典礼，分别在清明节和重阳节举办。通过祭祀活动，缅怀先祖功德，凝聚

民族情感，振奋民族精神，激励爱国热情，促进祖国统一大业。公祭黄帝典礼采用帝礼（古代最高的礼祭）的规格，以传统与现代、礼与乐相结合的方式进行。2011年5月，缙云的轩辕黄帝祭典被国务院列入了第三批国家级非物质文化遗产名录。现在，黄帝祠宇还成为中华儿女寻根问祖的重要场所。

（2）生育神——送子观音。

自佛教传入我国以来，观世音菩萨就与老百姓结下了很深的因缘，以至于曾出现家家供观音、人人念观音的情形。“一讲到观世音菩萨，我们都很熟悉，民间有一名流行语：‘家家阿弥陀，人人观世音。’从这句话中可以知道观世音菩萨跟我们这个世界的众生是多么有缘，又是多么深入人心。信仰观世音，称念观世音，礼拜

观世音，已是人们生活中不可或缺的一个部分，人们从心里接受这位大菩萨。"[①] 浙江普陀山是佛教观音信仰以及由此衍生出来的"中国观音文化"的重要载体。正如古典名著《西游记》中描述的，观音大士的家就在南海烟波之间的普陀洛迦山紫竹林中，因而，与观音有关的一切文化现象，很自然地会被打上"普陀山"的烙印。[②] 在浙西南，民众也深受中国

观音文化的影响，几乎在每一座寺院庙宇或信众自家的佛龛中，都可以看到观世音菩萨的身影。对大多数老百姓来说，不一定知道佛教的教主释迦牟尼佛，但不知道观世音菩萨的人就很少。

观音形态很多，但也有标准像，即所谓"圣观音"、"正观音"，这是一温柔、端庄、面带微笑的妇女形象。这类标准像也有一些差异，或双手合掌，或手持杨柳枝和净瓶，或怀抱一个孩子，或足踏莲花等等。观音塑像中有不少是造型优美的工艺品。观音是法力无边、无所不能的菩萨。但民间崇拜她，主要不是由于她那众多的虚幻法力，而是在于她能送子。至近现代，人们赋予了观音送子的职能，世间所传她的灵验，则少有救苦救难，多为送子。观音送子的观念是家喻户晓的，所以老百姓到观音庙里去烧香或家中供

---

① 妙治：《试谈观世音菩萨的信仰》，http：//www. dacichansi. com/_ d271567721. htm，2011 年 5 月 25 日。

② 《普陀山与观音文化》，人民网，http：//travel. people. com. cn/GB/41636/41637/53811/53821/3736930. html，2005 年 9 月 29 日。

奉观音神像，主要是为了求子。据学者们考证，观世音菩萨最初的原形是古印度婆罗门教中的一对孪生小马驹，它们神通广大，能使盲人复明，不孕者生子，公牛产奶，朽木开花，象征着慈悲与善，被尊奉为双马童神。佛教创立后，尤其是大乘佛教兴起后，神马驹逐渐演变成为一位慈眉善目的菩萨，称为“马头观世音”，密宗至今仍供奉马头观音，又叫马头明王。造型愤怒威猛，头有四面，分别为菩萨面、大嗔怒黑色面、大笑颜面，顶上是碧马头。不过在汉语系大乘经典中却有着完全不同的几种说法。一是《大悲咒经》说，观世音菩萨“过去无量劫中，已成佛竟，号正法明如来。为欲发起一切菩萨，安乐成熟诸众生故，现作菩萨”。也就是说，观世音菩萨原本是一尊古佛，只是为了更方便地度化众生，示现为菩萨，来此娑婆世界辅佐释迦牟尼佛弘扬佛化。第二种说法见于《悲华经》，说观世音菩萨是西方极乐世界一身补处法身大士，是即将继承阿弥陀佛佛位的大菩萨。他在阿弥陀佛因地之时，做转轮圣王之际，是佛千子中第一太子，名叫不瞬，出家后号观世音。他将在阿弥陀佛入灭后成佛，名为“一切光明功德山王如来”，他的国土叫做“一切珍宝所成就世界”。此外，密宗也有说观世音菩萨是阿弥陀佛的化身的。[1]

值得一提的是，佛教初传入我国，观世音菩萨形象纯粹是伟丈夫相。在我国唐朝以前所塑造的观音菩萨像或画像，都是男子的相貌。如《华严经》则直接描绘了观音作为男性的威武的形象：有童子到普陀山拜见观音，“见岩谷林中金刚石上，有勇丈夫观自在，与诸大菩萨围绕说经”。随着观音信仰在我国的深入发展，元朝以后观音菩萨的塑像造型多以女身出现，“使他完全中国化”，这跟观音菩萨的随类化身有直接关系。[2] 佛教中的菩萨虽为男性打扮，其实都是既无生死，也无性别的。为了说法的需要，菩萨可以变换性别，尤其是为了方便对女信徒说法，则可以变为女性。《楞严经》上说：“观世音尊者白佛言：‘若有女子好学出家，我于彼前见比丘尼身，女王身，国王夫人身，命妇身，大家童女身，而为说法。’”[3] 观音能以不同的性别、不同的身份来向不同的人说法，是因为她能随类化身，有多种变化。也正因观音的变化多端，使得她能及时“普救众生”，当人们遇到麻烦，一念到她的名号，她便能立即变化成合

① 转引自陈星桥：《观世音菩萨在中国》，《法音》1996 年第 12 期。

② 妙治：《试谈观世音菩萨的信仰》，http：//www. dacichansi. com/_ d271567721. htm，2011 年 5 月 25 日。

③ （唐）般剌蜜帝译：《大佛顶如来密因修证了义诸菩萨万行首楞严经》，《大正藏》第十九册。

适的身份降临。此外，以女人的善良与仁慈，容易接受别人的帮助，于是观音菩萨示现女身来感化女人，希望女人把母爱的精神扩大到慈爱一切众生，使每一位众生都能摄受慈悲的滋润，离苦得乐，了脱生死，皆成正觉。[①]

通过对观世音信仰及其在浙西南的广为传播的考察分析，我们强烈地感受到：人们对观音菩萨的供奉和敬仰，凝聚了民间无限的智慧和艺术才华，寓含了佛教及中国传统文化的深刻哲理，充分体现了中华民族仁民爱物、崇尚和平的精神，寄托了广大民众的美好理想。

（3）笑佛——大肚弥勒。

中国佛教自南北朝以后以大乘为主体，菩萨信仰十分盛行。观音、弥勒、文殊、普贤、地藏等菩萨是被佛教界广泛信仰的菩萨。在这当中，弥勒既是菩萨，也是未来佛，受到众多民众的信奉，并在民间长期的传播中逐渐被民族化、民俗化，形成自己独特的风格和形象。源自五代奉化的契此和尚像的布袋弥勒流传范围最广，影响也最大。

契此在后世虽被神化，但他是历史上真实存在过的人物。[②]《景德传灯录》卷二十七、元昙噩《布袋和尚传》和明广如《布袋和尚后序》都说他在五代后梁贞明三年（公元917年）于奉化岳林寺东廊下去世，但宋赞宁《宋高僧传·契此传》说他死于唐昭宗天复（公元901—903年）年间，志磐《佛祖统纪》卷四十二载他死于后梁贞明二年（公元916年）。据说，契此死后有人仍在不同地

① 妙治：《试谈观世音菩萨的信仰》，http：//www.dacichansi.com/_ d271567721.htm，2011年5月25日。

② 契此和尚（？—917），不详姓氏，或谓四明（治今浙江宁波）人，生活在唐末五代之初。形体肥胖，蹙额皤腹，居无常所，语默无常，被当地人称为“长汀子布袋和尚”。

方见过他。《布袋和尚传》记载：五代后晋天福初年（公元936年），莆田县令王仁煦曾在江南天兴寺见到他，并且后来在福州官舍得到他赠的“圆封书”，里面写有一首偈颂，云：“弥勒真弥勒，分身千百亿，时时示世人，时人自不识。”后边又写有九字曰：“不得状吾相，此即是真。”据此至少在契此死后20年，他才开始被认为是弥勒佛的化身，受到众多信徒的信奉。在契此死后“江浙之间，多图其像焉”。这也可以说是，以契此布袋和尚作为弥勒佛化身，以其形象造像，最初起源于江浙。[①] 之后，江浙一带就逐步流行一种按“大肚和尚”形象塑成的袒腹大肚、喜笑颜开的笑口弥勒像，并将他安置在天王殿中，令人一进山门就有皆大欢喜的感觉，深受世人喜爱，以后“大肚弥勒”的这一布置就成了寺庙的定制，逐渐传播到全国。现今，我们在浙西南各地都还可以经常看到，在寺庙天王殿中的主尊，一般都供奉大肚弥勒。它满面堆笑，袒胸露肚，憨态可爱，给人以亲切感觉。通常还会在其身边塑两个以至五六个胖童与之嬉戏，因而也极受求子妇女之崇拜，于是又有“送子弥勒”之称。布袋弥勒的造像，也成为广受民众欢迎的象征

① 参见《弥勒信仰的民族化——布袋和尚》，遂昌千佛山景区官网，http://www.zjqfs.com/NewsView.aspx? CategoryId=34&ContentId=398，2012年1月1日。

吉祥福寿的艺术品，在民众生活的各个场所都可见。

在浙西南遂昌县有座千佛山①，山中的未来寺内有一座神奇的天然山体弥勒佛，高达百丈，坐东面西，身披天然袈裟，面露慈祥笑容，展开双臂，护持众生。形成佛是一座山，山是一尊佛，众生置身于可供千人朝拜的礼佛台，犹如人在佛的怀抱被紧紧护佑着，使人不禁感叹大自然的神奇与恩赐。据寺内的工作人员介绍："自大佛被发现以来，在大佛面前已发生了许多不可思议之因缘及奇异天象。"延恩殿是未来寺内的一座佛殿，劈山而建，与天然弥勒大佛隔溪相对。殿内供奉着如来佛祖及其二弟子，主佛是释迦世尊，迦叶和阿难二弟子为胁持佛，皆以纯金贴身，宝相慈祥庄严。"佛祖慈目对视天然弥勒大佛，意喻释迦牟尼给弥勒佛作未来成佛受记，身后八座山峰似天龙八部日夜守护佛法。"②

每年，春节正月初一至初五期间，延恩殿举行祈福法会，每天两场，来此敬拜的信众络绎不绝。据寺内工作人员介绍，2012 年正月初一，正值弥勒佛生日，虽然天降大雪，但是善男信女们还是

---

① 千佛山位于遂昌县石练镇，距县城 30 公里，交通便利。清光绪版《遂昌县志》载：山上岩石怪异，可见千尊佛像，故名"千佛山"。山中峡谷清幽，林木茂密，景色秀丽，被誉为"江南小九寨"。明代遂昌县令汤显祖曾以"朝日暮卷，云霞翠轩，雨丝风片，烟波画船"的诗句赞美千佛山。

② 转引自浙江遂昌千佛山景区编印：遂昌《千佛山简介》（内部资料）。

不畏天寒地冻、路途艰辛，前往延恩殿祈福，希望得到庇佑，幸福安康。①

知识链接

弥勒殿联②

大肚能容，容天下难容之事；
慈颜常笑，笑世间可笑之人。

布袋全空容甚物，跏趺半座笑何人！
处己何妨真面目，待人总要大肚皮。

开口便笑，笑古笑今，凡事付之一笑；
大肚能容，容天容地，与人无所不容。

笑古笑今，笑东笑西，笑南笑北，笑来笑去，笑自己原无知无识；
观事观物，观天观地，观日观月，观来观去，观他人总有高有低。

日日携空布袋，少米无钱，却剩得大肚宽肠。不知众檀越，信心时用何物供养；
年年坐冷山门，接张待李，总见他欢天喜地。请问这头陀，得意处是甚么由来？

---

① 参见《辞旧迎新千佛山，开光祈福庇众生》，遂昌千佛山景区网，2012 年 1 月 28 日。

② 《弥勒殿对联》，佛教导航网，http：//www. fjdh. com/wumin/2010/09/074611124984. html，2010 年 9 月 7 日。

(4) 福神——福禄寿三星。

福神，中国民间崇拜的福神、禄星、寿翁的合称，又称福禄寿三星。民间传说福神原为岁星，即木星，后逐渐被人格化。禄星为文曲星国神比干，北斗第四星。国神即禄星，其他均为误传。寿翁亦始于星宿崇拜，即角、亢二宿，是二十八宿中东方七宿中的头二宿，为列宿之长，故曰寿。另一说为南极星，在船底座，故寿星亦名南极仙翁。明清以后民间常将福禄寿三星一并奉祀，三星典型的形象为福神执如意居中；禄星则是一个身穿大红官服、头戴高冠（意为“官”）的官员，骑在一头梅花鹿上，寓意直指“进禄”。另外，也有禄星怀抱一个婴儿，寓意送子男神、望子成龙等。寿翁广额白须，捧桃执杖。①

据《尚书·洪范》，人生之义有五福、六不幸。其中五福，一是长寿，二是富贵，三是平安无疾病，四是遵行美德，五是老而善终。而民间最为流行的和被人们普遍认可的福神，一说源于五斗米道所祀“三官”神或“三元大帝”中的“天官”、“上元一品天官赐福紫薇帝君”，后演化为天官赐福之说。还有一说是福神为唐道

① 无相斋佛像画院：《福禄寿三星报喜图》，新浪佛学，http：//fo. sina. com. cn/culture/painting/2012 - 12 - 10/15254263. shtml。

州刺史阳城，因其有抵制进贡侏儒的善政，遂被尊为福神。①

“人间福禄寿，天上三吉星。”福神信仰在浙西南广为流传，民间年画中的天官面容慈祥，有五绺长须，头戴官帽，蟒袍玉带，其左手拿玉如意，右手打开一长幅，上写“天官赐福”，头上有象征幸福的蝙蝠，或以蝙蝠为花边图案，以祈求幸福降临，福运绵长。在人们看来，“福星”手抱小儿，象征有子万事足的福气，可以寄托普通民众对生活的诸多美好期盼，比如招福避难、吉星高照、福大财多、延年益寿等。在浙西南广大乡村，民众一般将福神图或福神像放置在客厅，大家认为这样可增添福气、财运和寿元。“添福添寿宜置福禄寿三星，福禄寿三星是数千年来黎民百姓心目中最受喜爱的神仙，也唯有福禄寿三星的照耀，人间才能有喜悦祥瑞的气息。”② 同时，在民间也形成了一些禁忌，比如福禄寿三星忌低于人的头顶。因为“福禄寿三星也属于天神，在摆放时要高过人的头顶，不可低于人的头顶”③。

福神作为幸福之神，受到人们的喜爱，在现实生活中，人们创造和使用了大量与福运、福气有关的俗语。比如，人们把好地方叫

① 《三教源流搜神大全》说福神是由一位历史人物演化而来的。“福神者，本道州刺史杨公讳成。”杨成因抵制宫廷索要道州矮民为奴，对道州百姓有福德，于是被祀为福神。据史料载，道州进贡矮民确有其事，道州刺史抵制这种进贡也确有其人，但非汉武帝时代，而是在唐朝。该刺史是音同字不同的阳城。《三教源流搜神大全》成书于元代，却把唐代的事提前到了汉朝。但无论如何，这位刺史敢于抗旨，使许多家庭免于失子之痛，如此善政，被百姓祀为福神，是当之无愧的。白居易听说此事后，还写有《道州民》一诗，以纪其事。参见《闲话福与福神》，http：//www.sanwen.net/subject/479705/，2012 年 8 月 27 日。

② 《寿星的来历和摆放》，搜狐网，http：//flyeagle19821234.blog.sohu.com/156614641.html。

③ 《福禄寿三星的来历是什么及如何摆放?》，阿里学院网，http：//www.alibado.com/exp/detail－w645811－e123527－p1.htm，2011 年 6 月 18 日。

“福地”，把好消息叫“福音”，把运气好叫“福分”，把长相富态叫“福相”，把给人们带来好处和希望的人也叫“福星”，把赏心悦目的东西叫“一饱眼福”，把有幸吃到好东西叫“有口福”，还把交上桃花运称为“艳福不浅”等。与福字有关的成语就有福地洞天、福如东海、福善祸淫、福无双至、福倚祸伏、福至心灵等，这些概与福神广受人们欢迎有关。

福禄寿三星，起源于远古的星辰自然崇拜。古人按照自己的意愿，赋予他们非凡的神性和独特的人格魅力。由于他们在民间的影响力，统治者曾借助其实施王道教化，道教也曾对他们大加推崇，以招徕信众，扩大自己的声势和影响。虽然他们后来失去了高高在上的神威，但也因此获得自由，走入寻常巷陌、千家万户，成为古代民间世俗生活理想的真实写照。因为，人们对“福”普遍都有企盼，但往往难以如愿，于是就想通过虔诚礼拜“福神”来实现自己的愿望。

（5）文运之神——文昌星。

“文昌帝君”，有天神与人神两种不同的说法，文昌两字既为星名，又为神名，也就是民间惯称文昌星、文星神。文昌原是天上六星之总称，“文昌六星如半月形，在北斗魁前，其六星各有名”。

“斗魁戴匡六星，曰文昌星，一曰上将（威武），二曰次将（正左右），三曰贵相（理文绪），四曰司命（主灾咎），五曰司中（主右理），六曰司禄（赏功进士）。”各有专司，掌管天下文运禄籍，所以自古以来就受到士人学子的崇拜。[①] 古代星相家将其解释为主大贵的吉星，并引用文昌的名词，用来说明有益于读书和考取功名的方位。道教将其尊为主宰功名禄位之神，又叫“文星”。自隋唐科举制度产生，文昌星尤为文人学子顶礼膜拜，有谓文昌“职司文武爵禄科举之本”。

文昌帝君又称为梓潼、文昌帝、济顺王、英显王、梓潼夫子、梓潼帝君、雷应帝君。《明史·稽志》载：“梓潼帝君，姓张，名亚子，居蜀七曲山，仕晋战殁，人为立庙，唐宗屡封至英显王，道家谓梓潼掌文昌府，事及人间禄籍，元加号为帝君，而天下学校亦有祠祀者。”因文昌星和梓潼帝君同被道教尊为主管功名利禄之神，

① 参见《“拜文昌助学运”起源》，转引自乾易网，http：//www. lijizhong. com/Article/HTML/1794. html，2011 年 3 月 3 日。

所以二神逐渐合而为一。[①]

文昌帝君作为主管考试、命运及助佑读书撰文之神，是读书文人、求科名者最为尊奉的神祇。同时他也是刻字、书店、文具店、说书、抄纸的行神，所以昔日书商公会就叫做“文昌会馆”。其受民间的奉祀，从周朝以来，历代都相沿制定礼法，列入祀典，凡是读书人必要奉祀文昌帝君。每逢文昌帝君诞辰，童生、秀才、禀生、贡生、举人以及私塾老师都要准备全牛及供品，至文昌庙行“三献礼”祭祀他。历代官府都要通令天下学校，来奉祀这位文昌神，并确定农历二月初三为文昌帝君圣诞。于是，各地都建有文昌宫、文昌阁或文昌祠。一些乡间书院和私塾也供奉文昌神像或其神位，其间虽时有兴废，但因文章司命，贵贱所系，所以一直奉祀不衰。在浙西南各地，文昌宫、文昌祠和文昌阁众多，以“文昌”来命路名、楼名的也较多，如文昌巷、文昌苑等。早年在丽水城区三坊口向东不远处建有文昌阁，供奉文昌帝君，侍奉者众多。因位于城中，还成为当时丽水居民文化活动和交流的中心场所。后因种种社会变故，年久失修，备受冷落，现在

---

① 据文斌《文昌帝君》一文，文昌封为帝君，并且又称梓潼帝君，当是元仁宗时之事。元仁宗延祐三年（1316）封梓潼神为“辅元开化文昌司禄宏仁帝君”。封号中出现文昌二字，这就和文昌星信仰结合起来，从此梓潼帝君就成了文章、学问之神，掌管文昌府的事务。由于唐朝帝王的大力推崇，梓潼神的地位陡高，从一个地方神而成为全国性的大神，宋元间的道士见此种信仰可以利用，就把文昌称为文昌帝君，尊为主仙、人、鬼生死爵禄的神，并逐渐与文昌神合而为一。参见文斌：《文昌帝君》，《民间传奇故事》（A卷）2009年第8期。

此处建有文昌苑。

在浙西南缙云县城，仙岩寺是众所周知的。盖因宋代以来，庙内一直闹鬼，以至于人只知有“鬼仙”，却将神主文昌帝君丢到一边去了。不过，在缙云历史上，闹鬼事件千千万，能够载入县志的却极少见，而仙岩寺却载入了，这不能不归功于文昌帝君所营造的宽松环境。[①] 概因缙云之地多石少土，耕地不足，林木稀少，自然资源相对匮乏，民众更加坚信“读书是改变命运的最优出路”而特别重视教育之故，目前缙云仍是浙西南区域内信奉文昌帝君氛围最浓厚的地方。比如，缙云仙都景区三将军庙里供奉的文昌帝像，日常前往祭拜许愿者众多；缙云张山寨新建的文昌帝庙及塑像尚未完全落成，香客已蜂拥而至，并很快声名远播，成为县外乃至省外信众的奉祀之所。

（6）千面女神——王母娘娘。

王母娘娘信仰是中国流传久远、扩布广泛的民俗事象，浙西南民众对之有特殊的情感而加以崇拜。王母娘娘，亦称金母、瑶池金母、西王母，是传说中的女神。她原是掌管刑罚和灾疫的怪神，后于流传过程中逐渐被女性化与温和化，而成为年老慈祥的女神。相传王母住在昆仑山的瑶池，园里种有蟠桃，食之可长生不老。

早在《山海经》、《庄子》、《穆天子传》等古籍中对王母娘娘有较

① 平平村夫：《仙岩寺记》，《人文缙云·好溪文学》2008 年 7 月 7 日。

多的记载，而《汉武故事》、《汉武帝内传》等魏晋小说的铺张描写，使王母娘娘的故事日益完美、信仰日益普及，加之道教的整理和文人诗歌、小说、戏曲的不断渲染，王母娘娘终于从一方大神一跃而成为登峰造极的最高女神，王母娘娘信仰也就成了研究中国精神文化不可回避的重大课题。①

王母娘娘形象和神格经历了多次进化，出现过数种模样。“西王母其状如人，豹尾虎齿，善啸，蓬发戴胜，是司天之厉及五残。”这是《山海经》中最早可见的对其形象的描述。在西晋时期的《穆天子传》中，王母娘娘的言行却又像是一位温文儒雅的统治者。当周穆王乘坐由造父驾驭的八骏周游天下时，西巡到昆仑山区，他拿出白圭、玄璧等玉器去拜见西王母。第二天，西王母在瑶池宴请周穆王，两人都作了一些诗句相互祝福。《汉武帝内传》中则将她描述为一位容貌绝世的女神，并赐汉武帝三千年结一次果的蟠桃。道教在每年的三月初三庆祝王母娘娘的诞辰，此日举行的隆重盛会，俗称为蟠桃盛会。② 唐宋之后，西王母开始成为杂剧、小说的主人公。小说、戏曲中的西王母形象，延续人形化吉神的概念，成为母仪天下的天界女神形象。明清以来，王母娘娘的神格和信仰在宗教宝卷中得到空前的提升，从而形成了有关王母娘娘的新形象与信仰。在民间信仰中，西王母的形象进一步变得世俗化、人格化，明清小说开始对西王母加以“人间皇后”的想象，西王母成为民间信仰中一位慈母般的女神。

在浙西南，王母娘娘信仰的主要内容有：

---

① 赵宗福：《地方文化系统中的王母娘娘信仰》，《民间文化论坛》2005 年第 6 期。

② 《玉皇大帝和王母娘娘何许人》，http：//www. xcar. com. cn/bbs/viewthread. php? tid = 13406773 ，2010 年 11 月 9 日。也可参见刘永红：《千面女神：西王母信仰的演变》，《中国社会科学报》2011 年 8 月 24 日。

一是求妻。有男青年自己到王母娘娘庙祈求的，也有父母亲前往代求的。这与浙西南多山区、历史上经济相对落后、环境相对封闭、偏远山村大龄男青年多娶妻难有关。同时，传说中王母娘娘的确有媒神的神格。

二是求子。西王母还是一位生育神，这一神格形象虽然在古代文献中无多记录，但从现存各地民俗以及部分少数民族习俗看，还是比较多。比如，过去北京的蟠桃宫也供奉王母娘娘，求子者烧香叩求，并从桌台上偷盗“小孩”，用五彩线拴住，称为“拴娃娃”。当求子者出门时，道士便于门旁祝福：“愿你早生贵子。”求子者必付钱致谢。[①] 据浙西南一带的民众反映，到王母娘娘像前求子是当地极普遍的一大民俗事象，这与传统的生育观念和传统农村生活的劳动力需求有关。

三是求医。在信众们看来，王母娘娘还是一个能使人生而不死、长生不老的吉神。因为王母娘娘掌握了“不死药”，后羿历经千辛万苦西上昆仑请药于她，嫦娥吃了“不死药”而飞上月宫成为不死的月仙，这都是人人皆知的故事。因而，就会有一些信众因自己或家人怪病缠身，长期不能治愈而来求王母娘娘。

四是求长寿。王母娘娘还是长寿之母，神话传说中的蟠桃是长生不死的文化象征，所以日常会见到一些家长到王母娘娘庙为家里的小儿求长命锁，寓意戴了长命锁就能避灾去邪，“锁”住生命，健康长寿。

（7）财神——赵公明、关公等。

财神是中国民间普遍供奉的善神之一，财神信仰也是中国古代

① 宋兆麟：《生育神与性巫术研究》，转引自赵宗福：《西王母的神格功能》，《寻根》1999 年第 5 期。

民俗文化中的重要事象。每逢新年，家家户户悬挂财神像，希冀财神保佑以求大吉大利。“吉”象征平安；“利”象征财富。人生在世既平安又有财，自然十分完美，这种真切的祈望成为人们的普遍心理。求财纳福的心理与追求，充分反映在春节敬祀财神的一系列民俗活动中。[①] 迄今为止，在浙西南各地很多重要的传统节庆中，还保留有迎祭财神的各种仪式。

在民间传说中，财神是掌管民间财运、富贵的神明。财神文化由来已久，但财神的起源已经不得而知，比较难考证，所祭祀的神明也因时因地而有所区别。目前，我国民众供奉的财神主要有：以忠义诚信著称的武财神关羽、忠烈刚直的文财神比干、疏财济贫的准财神刘海、“聚宝天下”的陶朱公范蠡财神、“赐福镇宅圣君”钟馗财神、有求必应的南海“龙五爷财神”，还有招财童子、善财童子、五路财神，我国海上有“护国庇民妙应昭应普济天后”妈祖财神等等。其中，最具影响力的还是陕西周至“取财有道、乐善好施”的赵公明。就目前所见的资料来看，对我国财神信仰出现年代考证最为仔细的是吕微，在其所著《隐喻世界的来访者：中国民间财神信仰》一书中较详细地考证了中国财神信仰的形成年代：“在民间信仰的诸神中，财神是出现得最晚的神灵之一，他的起源目前

① 符智伶：《中国民间的财神信仰》，浙江在线网，http：//gotrip. zjol. com. cn/05。

仅能追溯到北宋。”[1] 其实，比干、范蠡、关羽、赵公明等都是历史传说中的人物，在人们的眼中，他们代表着公正、智慧、善良、忠义和英勇，再加之小说话本等对他们的塑造，人们对他们的品质愈加敬佩，便逐渐将其当作神明崇拜。他们最初也并非财神，但随着话本的流传、宗教信仰的传播以及人们的演绎，财神的“职务”才逐渐固定在他们身上。可以说，财神崇拜，是人们对公正、智慧和忠义的崇拜。[2] 逢年过节，人们见面总免不了要寒暄一句：“恭喜发财！”它不仅是人们的客套话，更是深层地传递了人们对美好生活的祈盼，这也是千百年来中华民族独有的文化心态——财神信仰的自然表露。

在我国传统民俗中，财神信仰反映在方方面面。在不同的历史时期和不同的地域，财神的形象也有比较明显的不同。从广泛流传于民间的年画来看，我们可以发现主要有三种财神形象广为传播。一位骑黑虎、持银鞭、顶盔贯甲的，是武财神赵公明；还有一位就是人所熟知的关帝。不过，中国传统年画中表现得最多的，却是第三位锦衣玉带、冠冕朝靴、白脸长须、温文尔雅的文财神。他最明显的标识就是面带笑容，一手执如意，身携聚宝盆，常有招财、进宝相随。其实，这一位是出现年代最早、供奉者最多的财神。

财神信仰始终深深地埋藏在民间，劳苦大众追求发财致富和期盼共同富裕的愿望从来也没有减弱过。在浙西南，广大民众对财神的崇拜也有着多种多样的表达方式，并沿袭至今。每年农历大年初五是传说中财神的生日，在浙西南各地特别是在一些经济活跃的乡

---

① 吕微：《隐喻世界的来访者：中国民间财神信仰》，转引自魏荣华：《中国民间财神信仰的多样化和复杂性》，《考试周刊》2007 年第 13 期。

② 《请财神：另一种人文关怀》，中国民族宗教网，http：//www. mzb. com. cn/html/report/27628 –1. htm，2008 年 2 月 5 日。

村，乡民们过了正月初一之后最重要的活动就是迎财神，到大年初四的晚上，不少乡民家里还会专门置办酒席，为财神贺岁。“届时，谁家准备得越是丰盛，财神爷就越有可能来到谁家‘享用’，顺带着给谁家带点财。当然了，财神爷不会白吃白喝的嘛。”乡民们喜气腾腾地说，“每年的正月初五是我们那里请财神的日子。这一天，我们那儿会有集体活动，非常热闹，人们敲锣打鼓，伴着穿戏服扮财神的人游街，很多人会跟着‘财神’走。路旁的店家要先放鞭炮迎接财神，财神进入店铺，把事先准备好的‘金元宝’中的金色糖果撒向人群，代表散财，店主相应地也要回赠红包，红包里的钱数随意。财神手中的‘财’发完后，仪式才结束。”①

每年春节，除年货外，恭喜发财、吉祥求富类的年画是浙西南乡村民众年前必购之物，在各种宣传画及大量的工艺礼品中，财神爷是不容忽视的主要商品。个体商户、企业老板，尤其是饭馆酒店的负责人，几乎都供奉财神，而所供奉财神像中最多的却是以忠诚信义为本的关羽。因为关羽被人们视为保护商贾之神，“人遇有争

① 《请财神：另一种人文关怀》，中国民族宗教网，http：//www.mzb.com.cn/html/report/27628－1.htm，2008年2月5日。

执时，求彼之明见决断。旱时人们又向彼求雨，又可求病人药方，被人视为驱逐恶鬼凶神之最有力者”①。

（8）门神。

门神信仰在我国流传已久，经过历史长河的涤荡，门神已成为中国民众心中普遍尊崇的神祇之一，至今仍为人们所传承。在浙西南乡村，仍有不少民众会在春节期间买来门神像张贴在自家门上，以驱邪避灾、祈求福祉，同时也会给人带来喜庆、平安之感。

门神信仰是中国文明史上深厚的社会积淀，是引人注目的社会文化现象。据《礼记·祭法》记载：“王为群姓立七祀，诸侯为国立五祀，大夫立三祀，适士立二祀，皆有‘门’、‘庶士、庶人立一祀，或立户，或立灶。’”② 可见自先秦以来，上自天子，下至庶人，皆崇拜门神。

门神信仰源于远古时期的庶物崇拜。据《山海经》记载，在苍茫的大海中有一座度朔之山，山上有一棵大桃树，桃枝的东北有一个鬼门，门上有两个神人把守着，一个叫神荼，一个叫郁垒，他们的职责是监视那些害人的鬼，一旦发现便用芦苇做的绳索把鬼捆起

---

① 《民间新年神像图画展览会》，中华农历网，http：//www. nongli. com/Doc/0504/0713404. htm。

② 《唐太宗让秦琼和尉迟恭成了门神?》，《合肥晚报》2011 年 2 月 9 日。

来，扔到山下喂老虎。就连黄帝也对他们敬之以礼，岁时祀奉，在门上画神荼、郁垒和老虎的像，并挂上芦苇绳，用来惩戒那些害人的鬼。① 殷代天子祭五祀，门既为其一，周代祭五祀于宫门——每日每时必经之处，自然加以重视，祭祀给予门神以形象化及人格化。②

古代祀典中的“五祀”指五种小祀，即户、灶、中溜、门、行等家居之神。究其本源，乃原始的自然崇拜。因此，在原始先民看来，凡与人们日常生活有关的事物，都有神在。五祀所供奉的，都是与人们居处、出入、饮食密切相关的事物，故祭之以报出入、饮食之德。应该说，这就是门神信仰的最早来源。

驱鬼避邪、保障家国平安是门神的重要职能。据前文所述，传说中的门神始于神荼、郁垒。他们本是神话人物，汉代民间颇为流传，认为他们有捉鬼的神通。因为他们平时住在度塑山大桃树下，于是在历史上各地乡民便会在除夕，悬挂桃人、苇索，在门上画二神和虎的形象，用此方法来驱鬼辟邪，保护家人平安。随着时代的

① 叶静：《门神的来历》，《健康长寿指南》（中旬刊）2010 年第 1 期。

② 赵瑞平：《由桃符看门神的发展变化》，《艺术生活》（福州大学厦门工艺美术学院学报）2008 年第 4 期。

变迁、经济社会的发展和人们观念的变化，人们对于门神的要求，已不仅是辟邪免灾，还希望从他们那里获得功名利禄等。至迟在明代，武士门神像上，已常添画“爵、鹿、蝠、喜、宝、马、瓶、鞍，皆取美名，以迎祥祉”。以后更取消门神的祛邪义务，专事祈福，于是民间形成以天官、状元、福禄寿星、和合、财神等为门神的风气。①

（9）灶神。

灶神或称灶君、灶王爷，是中国百姓十分亲近的神灵。无论在宫廷还是民间，灶神信仰都非常普遍。灶神的原型从古至今纷繁复杂、说法不一，其中有古籍记载、近现代学者的考证和民间传说的演绎这三种来源。说法有灶神是火神炎帝、祝融；灶神是黄帝演变而来的；灶神叫张单、苏吉利；灶神是女性神。还有学者从图腾信仰、古文字音韵学等方面研究考证出灶神原型

① 舒惠芳、沈泓：《门神文化》，中国物资出版社2012年版。

是图腾动物蛙和灶间动物蟑螂的说法。[1] 至于民间传说中，灶神形象就更多了，有火之精宋无忌成灶神，负心张郎变灶神，李姓负心郎变灶神，穷鬼懒汉张氏、姚瞎子、鸦片烟鬼成灶神等种种故事。灶神信仰是民间世俗观念的产物，实际上，神灵完全是人心创造的产物，是种种凡俗世相的投影。灶神之由来从火神、光明神逐渐演变成种火老母，再到各色人等，其主要职责不再是掌管饮食，而是掌握每家每户之寿夭祸福。这些变化反映出灶神崇拜之自然属性不断减弱，其社会化程度不断加深，灶神形象多元化也反映出信仰者宗教观念之多元化。这是由时代变迁、地域差异等因素综合作用造成的，是中国百姓生产、生活实践发展的结果。[2]

"上天言好事，下界保平安"，是中国人耳熟能详的对子。人们希望灶神既能"上天言好事"，又能"下界保平安"。"吾乃东厨司命，受一家香火，保一家康泰。"[3] 记载于《东宫司命通天定福奏善真君劝善文》中的这段话大致反映了老百姓求平安的意愿。古往今来，在浙西南民间也流传着许多灶神能够救人于危难、保一家平安的故事。其实，传说故事所反映的就是老百姓对灶神的期待，期待灶神能够"上天言好事，下界保平安"，于是逐渐形成了具有浓郁地方特色的敬灶安灶习俗。

灶神对百姓护佑有加，上天则言好事，下界则保平安。人们自然对其感恩戴德，敬奉殷勤。在浙西南乡村，民众在新灶建成之时，有一个请灶安灶仪式；每年的腊月二十三日，传说是灶神上天向玉皇大帝报告一年中各家各户生活状态的日子，所以，这一天有

---

① 廖海波：《世俗与神圣的对话——民间灶神信仰与传说研究》，华东师范大学博士学位论文，2003 年。

② 黄永锋：《灶神信仰刍探》，《中国道教》2006 年第 5 期。

③ 胡道静、陈耀庭等：《藏外道书》（第 4 册），巴蜀书社 1992 年版，第 282 页。

一个送灶神上天的祭祀；腊月三十日是灶神返回人间的日子，又有一个迎灶神祭祀。民谚曰："三祭灶，四扫屋……"即指每年的腊月二十三日祭祀灶神。"传说他受天帝派遣来到人间，监督言行，搜集功过善恶，在腊月二十三日上天向天帝汇报。"① 据浙西南乡间老年人回忆：在这一天（指腊月二十三灶神上天之日），家家户户都会举行祭祀，以免灶神上天说坏话。祭礼通常在厨房举行，排神位（也称替灶神"换衣"，指贴上新灶神像一张），点油灯，供熟食荤菜，燃香蜡纸烛，供糖品（糖品多用黏性强的原料，据说这样便可糊住灶神之口，以免其说坏话），还供饼、糕、枣、栗、花生、瓜子等素食品。大户人家，祭灶时糖品种类更多，有的还写对联，祈求灶神多向玉帝奏报自家善行，诸如"上奏一年善行，下降春秋吉祥"之类。后因社会剧变，祭灶渐废。改革开放后，祭灶习俗又悄然兴起，在春节期间村庙做法事时或农家红白喜事时的厨房中亦可见，只是没有像传统习俗那么烦琐罢了。

2. **地域性神祇信仰**

（1）菇神——吴三公。

浙西南的龙泉、庆元、景宁三县地处洞宫山脉，境内有江浙最

① 笔者访谈时，老年民众都这么说。

高峰龙泉山（主峰黄茅尖海拔1 929米）和第二高峰百山祖（海拔1 856.7米），森林茂密，气候湿润，生态环境适宜香菇生长。山区百姓把栽培香菇作为维持生计的重要手段，世代相传。人工栽培香菇始于何时目前还没有比较明确的说法。据西晋时期张华编撰的《博物志》所记：“江南诸山群中，大树断倒者，经春夏生菌，谓之椹，食之有味……”似人为的“断树出蕈”。南宋嘉定二年（公元1209年）所编《龙泉县志》比较详细地记述了人工栽培香菇的过程。1948年庆元县县长陈国钧在其《菇民研文》一文中载，三县有菇民15万人，其中庆元约6万，占全县人口七成。现今，浙西南山区香菇从业人员70万以上，另约有2.5万人分赴全国各地生产香菇。浙西南山区已成为全球最大的香菇产销集散地。[①]

浙西南龙泉、庆元、景宁三县习惯把菇民聚居地称为菇民区，此地一直流行着菇神崇拜。历史上信仰的神祇主要有吴三公、五显神和刘伯温。而影响最深，至今流传最广的当数吴三公。据《槎东云川吴氏宗谱》记载，吴三约生于南宋建炎年间（公元1127—1130年），兄弟六人，均按数字序列为名，三公排行第三，就以三

① 潘力峰：《处州古韵》，中国戏剧出版社2011年版，第203～204页。

为名，后人尊称他为吴三公。他久居深山，发现一种菌蕈味鲜而无毒，常采以食之，发现有强身之功。后来他又从被砍倒的树木上发现了这种菌蕈，且多是从斧头砍过的坎中长出，坎多处蕈多如鳞，坎少处蕈就稀少，这使他懂得阔叶树木被砍倒之后，经过人工“砍坎”（俗称“砍花”）是可种出香菇来的。吴三在获得了对这一自然生态现象的初步了解后，认识在实践中进一步得到升华，最后终于总结出一套从如何选择场地到如何选用菇木，如何砍坎种菇和如何惊蕈催菇的人工栽培香菇的生产技术，成了历史上香菇生产的发明家。他的这一重大发明，打开了食用真菌的宝库，给山区人民开辟出一条生活出路，为人类文明作出了杰出的贡献。吴三公殁后，乡人感念他的功德，奉之为菇神。[①]

民间早期对菇神吴三公的祭祀目前尚无确切文献可考。据潘力峰先生主编的《处州古韵》一书，南宋咸淳年间（公元1265—1274年）在庆元盖竹村建有显灵庙祭祀五显神和吴三公；元成宗大德年间（公元1297—1307年）庆元人何元魁、吴标在县城建有拱瑞堂，从盖竹村迎五显神和吴三公；明洪武年间（公元1368—1398年）在庆元县五大堡乡西洋村传说中的吴三制菇棚旧址建庙祀奉吴三公，至清乾隆三年（公元1738年）扩建为西洋殿，又称松源殿。后随着菇业的日渐兴盛，龙泉、庆元、景宁三县境内凡菇民聚居的地方，都建有菇神庙和村落神殿供奉吴三公诸菇神，大小庙会热闹非凡。此外，各户菇民还会在家里设香火榜，在菇山设神坛。[②]

① 可参见季丽英：《与香菇鼻祖吴三公相关的庆元香菇历史文化》，《大众文艺》2011年第6期。

② 潘力峰：《处州古韵》，中国戏剧出版社2011年版，第242页。

其实，菇民们建菇神庙不仅仅是为了信仰，还有一个重要的作用就是希望通过它来联络菇民。于是，每年的农历七月十六日至十九日，菇民们都会举办菇神庙会，其间，技术交流、联络菇民、演戏作乐、欢庆丰收、练拳习武、会亲访友等都成了庙会不可缺少的活动，所有这些也都为了解翌年菇民的动向奠定了基础。

在菇民庙会各项活动中，特别值得关注的有四项：一是菇民议事。历史上，三县菇民有自己的组织机构，称“三合堂”（新中国成立后改为“菇民委员会”），在县城设“营销菇行”。庙会期间，也是菇民领袖集中议事、商议香菇行情的时间。二是演戏娱乐。大的菇神庙都有戏台，西洋殿的戏台还设有中亭，专供菇民领袖和上层人物看戏。庙会期间出演菇民戏，也称二都戏或英川戏。三是传承防身技艺。菇民外出谋生，常遇凶险，便学会了一些防身之技，并在庙会期间互相学习、交流技艺。四是交换行情信息。主要交流生产技术、菇场情况、菇树资源、培植方法等，并互通香菇行情。

因而，菇神庙会不但是菇民政治、商业、文化、体育活动的集中展现，也是丰富多彩的香菇文化形成和发展的重要标志。它“以菇神信仰及祭祀凝聚菇民群体，让菇民祈福禳灾、驱恶避邪有所寄托，同时也推动了香菇生产及香菇文化的发展和传承”[①]。2007年，“菇神庙会”被列为第二批浙江省非物质文化遗产名录。

（2）剑神——欧冶子。

浙西南历史名城龙泉系瓯江的源头，大自然的神工伟力赐予了这里灵秀的山水。在春秋战国时代，这里属于越国，也就是古籍中常常说的吴越之地。“古之言剑，必言龙泉”，这一时期，制剑以吴越之地最为闻名，“良工锻炼凡几年，铸得宝剑名龙泉”、“万里横戈探虎穴，三杯拔剑舞龙泉”……唐代以后，龙泉几乎成了宝剑的代名词。[②]《越绝书》有记载：“吴越之剑，迁乎其地弗能为良，地气使然。”据传，春秋末期，铸剑大师欧冶子奉楚王之命，遍访名山大川，在浙江龙泉，见秦溪麓湖水甘寒清冽，又无鸡啼犬吠，宜于铸剑，遂取山中铁英，锻造了“龙渊”、“泰阿”、“工布”三把宝剑，并以龙渊为乡名。唐代因避李渊（高祖）讳，以泉代渊，改称龙泉。从此，龙泉宝剑名扬天下。宋嘉定三年（公元1210年）修《龙泉县志》载：“近境有剑池湖，世传欧冶子于此铸剑。”元代处州路总管孟淳有诗《剑池湖》：“昔闻欧冶子，今识剑池湖。一掬泉多少，千年事有无。神功应幻化，灵物

① 潘力峰：《处州古韵》，中国戏剧出版社2011年版，第245页。
② 晓郭：《龙泉再烹剑瓷文化盛宴》，《美术报》2008年12月6日。

岂泥涂？琐碎洲中铁，相传旧出炉。”明万历《括苍汇纪·地理》记龙泉县南有剑池湖，湖畔有七井，如七星排列，“为欧冶子铸剑之所”。

“剑池雨霁”在清代时为龙泉一大胜景，徐应亨的咏剑池诗有“湖波新涨雨，剑气尚冲天。万树鸣秋叶，千家起暮烟”之句，足证其时山光水色、秋叶暮烟、秀色可餐，于波涨虹横之际，更引人入胜。[①] 欧冶子铸剑之业在龙泉世代相袭，孕育了一代又一代的铸剑大师，形成了龙泉宝剑这一传统产业，龙泉宝剑锻制技艺也被列为国家级非物质文化遗产。正因为如此，历代龙泉剑匠奉欧冶子为铸剑祖师，并形成了一系列祭祀剑祖的习俗。旧时龙泉剑铺的打铁炉上，亦立有欧冶子神龛，或贴有“欧冶子将军之位”的大红纸，匠师每日早晚膜拜，每月初一、十五都要供奉三牲（熟猪肉、熟鸡和鲞鱼）祭祀，以示不忘祖师的规矩和恩典，保佑剑铺炉火旺盛、生意兴隆。新中国成立以后，为保护文物，于 1957 年重修剑池亭，可惜文化大革命中作为“四旧”被毁，1993 年在原址重建剑池亭，今日之欧冶子庙也系近年由南秦村村民修建。剑池、剑池亭和欧冶子将军庙，总称剑池湖遗址，作为龙泉宝剑 2 500 多年历史的文脉和印证，于 1984 年被列为市级重点文物保护单位。

值得关注的是，自 2008 年开始，地方政府每年举办剑祖欧冶子公祭仪式，仪式体现“感恩祖师，传承遗风，增进团结，促进发展，展现饮水思源、寻根朝圣理念”，意在“缅怀铸剑祖师欧冶子的功绩，继承欧冶子传统铸剑技艺，弘扬龙泉宝剑文化，增强龙泉

① 林世荣：《龙泉宝剑》，《浙江档案》2008 年第 2 期。

宝剑艺人的凝聚力，促进龙泉宝剑传统产业的健康发展”。[1]

知识链接

“中国宝剑之乡”浙江龙泉举行剑祖欧冶子公祭大典[2]

中新网丽水11月18日电（记者邵燕飞　实习生胡丰盛）“天时地气，美材巧工。四者俱备，宝剑出锋……”18日上午9时，“中国宝剑之乡”浙江龙泉举行剑祖欧冶子公祭大典，来自海峡两岸的铸剑艺人作为剑祖欧冶子的弟子与欧冶子后裔一起参加了祭拜仪式。据司马迁《史记》记载，欧冶子为春秋战国时期越国人，是中国古代铸剑鼻祖、龙泉宝剑创始人。据说，欧冶子曾在龙泉秦溪山麓取山中铁英，铸成“龙渊”、“泰阿”、“工布”三剑，并以龙渊为乡名，其后，为避唐高祖李渊名讳，改“渊”为“泉”，自此龙泉宝剑名扬天下，龙泉亦成为中国宝剑的代名词。

18日上午9时，300多名来自海内外的嘉宾在龙泉欧冶子将军庙前就位。随着公祭司仪宣布“壬辰年剑祖欧冶子公祭大典开始”，一时间，锣鼓喧天，礼炮齐鸣，8位身着古装、手持宫灯的“仕女”和18位手拿十八般兵器的“士兵”进入现场，主祭、副主祭、龙泉宝剑传承人、各界代表整齐就位。

由童男童女引路，国际铸剑大师往七星井和将军庙取来圣水、圣火，仕女队、名剑队、十八般兵器队、旗幡队、108位当代铸剑师组成的方阵进行了表演。

音乐声中，主祭、龙泉市委书记蔡晓春健步登上祭台，点燃圣

---

① 《龙泉置县1 250周年庆典大会、龙泉青瓷传统烧制技艺入选“人类非遗”庆祝大会、第四届中国龙泉青瓷·龙泉宝剑节总体方案》，2009年12月。

② 《“中国宝剑之乡”浙江龙泉举行剑祖欧冶子公祭大典》，中国新闻网，http://www.chinanews.com/cul/2012/11-18/4337248.shtml，2012年11月18日。

火。各路方阵连续齐声高呼："剑气冲云霄！圣火耀万年！"公祭大典达到高潮。随后，铸剑艺人以及欧冶子后裔代表分别向剑祖欧冶子敬献花篮。

作为一名铸剑专家和古兵器收藏鉴赏专家，台湾古兵器艺术研究协会会长郭常喜，早在十几年前就慕名来到浙江龙泉寻祖。"之后我每年都来，一年要来个八趟左右。"他说，这次他还出任公祭大典的副主祭，并代表台湾的铸剑专家向剑祖欧冶子上香敬酒。

郭常喜于2009年来到龙泉时，向当地政府捐赠了他自己精心锻制的"莫邪剑"。2012年11月18日，郭常喜又捐赠了其精心锻制的台湾英雄史诗巨作——《赛德克·巴莱》里男主角佩刀出现的"九黎刀"。

著名刀剑收藏家皇甫江表示："两千六百多年的铸剑历史，需要后人不断地传承和发展，不能忘根，天下铸剑同人理当同是！"在场的龙泉市铸剑行业众多代表也表示，龙泉宝剑是老祖宗留给后人的宝贵财富，一定会在继承欧冶子传统铸剑技艺的基础上，发扬光大。

自2008年开始，浙江龙泉市每年组织剑祖欧冶子公祭活动，旨在弘扬历史悠久的龙泉宝剑文化，促进龙泉宝剑传统产业和文化创意型经济的持续健康发展。与剑神信仰相关，在浙西南龙泉剑成了镇宅和辟邪之物，并影响至全国。据相关史料记载，东汉以后，宝剑逐渐退出了实战的舞台，除了在舆服制度中的佩饰功能，随着道教的兴起，龙泉七星剑成了辟邪剑，是道士手中召神役鬼、辟邪除魔的法器。传说中八仙之一的吕洞宾常背一剑，有“剑现灵光魑魅惊”之说。《三国演义》里，诸葛亮设坛借东风，就是手挥七星剑。传说中能驱鬼除祟的钟馗，其所持之剑也是龙泉七星剑。故宋代文学家欧阳修在《宝剑》一诗中说：“煌煌七星文，照曜三尺冰。此剑在人间，百妖夜收形。”[①] 龙泉宝剑形神兼备、能屈能伸、柔中寓刚，人们把它看作是正义、吉祥、辟邪的圣物。因此，在民间就逐步形成了在家中悬挂或摆放一把龙泉剑的习俗，认为这样可以祛邪消灾，带来吉祥和幸福。

至今，龙泉制剑业发达，各类剑铺百余家，产品远销世界各地。剑匠们还在长期的劳动中，形成了其他一些独特的生产习俗，

① 季靓：《龙泉百问（十）》，《剑瓷龙泉》2009年11月4日。

比如从师学艺、砍树制鞘等。

从师学艺：艺徒在学艺前，要到祖师爷欧冶子神庙点香膜拜，虔诚祝祷，并向师傅、师母作揖。艺徒进剑铺后的第一个月，每天早上要在剑炉头的祖师神位前敬点香烛，跪拜祖师。艺徒进铺半年之内只能干一些帮锤、拉风箱、挑水等粗工杂务，不得学技艺。半年后始能学艺，先铲削剑坯，一年后方能磨坯。“淬火”是一道关键性的工序，全凭经验，师傅一般不传授，单凭学徒的聪明才智，自己去体验偷学，才能学到。①

砍树制鞘：古时剑鞘为兽革所制，那时要选用一箭击中的麂、獐、山羊的皮革制鞘，认为这样出阵作战才吉利。清末民初，剑鞘改用珍稀名贵的花梨木制作。采伐花梨木时有独特的习俗，先在农历正月初三选好树，用红纸围贴树干，以三牲祭祀山神，到农历五月初五午时，才动工砍伐。这一吉日系祖师欧冶子炼就第一把好剑的日子，有吉祥之兆。②

（3）炭祖——陈老相公。

在中国，炭有着悠久的历史。大概从雷电点燃原始森林使自然形成的木（竹）炭横空出世那一刻起，先民便开始享用木（竹）炭带给人们的种种环保和健康的生活。在漫漫的历史长河中，我们的祖先还掌握了炭的生产，把炭运用到生产、生活的各个方面。

浙西南遂昌县有“中国竹炭之乡”之称，位于钱塘江、瓯江上游，东倚武义、松阳，南邻龙泉，西接江山和福建省浦城，北与衢县、龙游和金华毗连。境内山清水秀、特产丰富，素有“浙南林

---

① 《铸剑习俗》，中国龙泉政府网，http：//www. longquan. gov. cn/zhxx/lqtszj/lqbj/zjxs/。

② 《铸剑习俗》，中国龙泉政府网，http：//www. longquan. gov. cn/zhxx/lqtszj/lqbj/zjxs/。

海，遍地金银，云雾山茶，钱瓯两水”之称。遂昌炭文化源远流长，它伴随着人类文明肇始而孕育，随着社会进步而发展。民间烧炭、用炭别具特色，充满文明意蕴，形成独特的地域文化，并沿袭至今。据《遂昌县志》记载：“隋至北宋、辽时期（公元581—1127年），遂昌人开辟本县中南部盆地的原始林地，在这过程中，出现了伐薪烧炭业和竹木薪炭的市贸活动。”①

中华民族具有崇宗敬祖的优良传统。历史上，各行各业都敬奉各自的祖师爷，这个祖师爷或许是历史上的一个人物，或许是一个具体的有名有姓的人物。在我国，南方的烧炭人都供奉“陈老相公——陈杲仁”为祖师。传说陈老相公——陈杲仁是隋皇朝的大司徒。后因隋朝被李唐灭亡，陈大司徒隐居深山烧炭为生。史料记载，“各朝帝王对陈杲仁多有封赠并不断升级，而陈杲仁也屡屡在关键时刻显灵”②，因而历史上，江南各地大多有供奉陈杲仁的庙宇。浙西南炭业繁荣，历史悠久，人们在大山里烧炭时，要在炭窑附近设立陈老相公的神位，烧香奉祀。“烧炭为山林作业，深山冷

① 朱永法等：《遂昌县竹炭行业的发展与政府作用分析》，《中国林业经济》2008年第5期。

② 叶舟：《民间信仰的多元图景——以武烈帝陈杲仁为例》，《民俗研究》2009年第3期。

峻，且有狼虎蛇蝎，险夷莫测……炭农进山，首先是搭炭蓬、筑炭窑，拜祖师陈老相公，以求祖师护佑上山平安。”①

同时，以炭祖信仰为核心，还形成了一系列相关的禁忌。比如，进山劳作，忌讲不吉利的话，忌乱叫乱喊；不得随便互呼姓名，不得随意敲打刀夹和竹木，不得吹口哨；说话要用特殊的山林用语②；筑窑、点火要择“百无禁忌”日，谓此日无山神主事；炭品出窑也有忌讳，讳言“红”字和“过”字，民间谓“红”有“燃”的意思，“过”有“烬”的意思，生怕出窑的炭品有余火又燃起来。炭农最忌讳得罪“山魈”，不敢冒犯，要在筑窑的左下方置三块石头，为山魈庙，朔望上香祭祀。③ 现遂昌县建有国内首家竹炭博物馆，馆内建有炭祖大殿，以供人们祭拜和瞻仰。

知识链接

炭祖其人④

据《毗陵鸣珂巷陈氏宗谱》中《隋司徒世威公传》和《武阳金石志》中的《隋司徒八绝碑》记载：“陈杲仁，字世威，晋陵人，年十八举进士，陈文帝优论之以同出太丘，命为监察御史。”入隋朝为司徒，助沈法兴谋政中被毒而亡，后世被誉为“忠孝文武信义谋辩”八绝。他的墓在雪堰陈湾山。僧德宣作于唐天宝年间（公元742—755年）的《隋司徒八绝碑》毁于明，文字存于《全

① 《遂昌竹炭的文化背景》，中国遂昌政府网，http://zjj.suichang.gov.cn/ztwz/200609/t20060929_82921.htm，2006年9月29日。

② 比如，“斧刀”称“家伙”，“休息”称“板草鞋”，“吃饭”称“桩锄头”，“吃肉”称“吃乌皮佬”等等。

③ 《遂昌竹炭的文化背景》，中国遂昌政府网，http://zjj.suichang.gov.cn/ztwz/200609/t20060929_82921.htm，2006年9月29日。

④ 资料来源于中国遂昌网，http://www.suichang.gov.cn/zhxx/jrsc/。

唐文》及《武阳金石志》中。《武阳金石志》称“后之崇奉撰述，皆本乎此碑”。

碑文内容：

陈杲仁，字世威，其先本豫州颍州人。后迁常州晋陵。其十八世祖陈实为汉代太邱长，从祖陈霸先即为陈武帝，祖陈嵩字元皎，仕陈为羽林郎，洪州建昌县令。父亲陈季明，字玄涣，仕陈为江州司马，兼领岭南道采访使，拜给事。陈杲仁生于梁太清三年（公元549年）己巳三月初五午时，“自幼岐嶷有鼎角伏犀之异”，后在吏部侍郎阴铿家中就学，就博士授孝经、尚书，一览成诵。八岁能属文，十三遍读诸史。读到司马相如题桥之言，叹曰：“大丈夫富贵由天，穷达在命，使吾有寿，亦当自致青云。”陈文帝天康元年（公元566年），州举秀才，送上台对策于玉阶，举朝称之。陈文帝喜曰：“朕与卿俱太邱之后，家风不坠，复见于兹。”特授监察御史，迁江西道巡察大使。祯明二年（公元588年）陈后主逊位于隋，遂亟上印绶归。隋高祖累诏不起，家赀悉散之，亲族贫民，事亲尽孝。隋末朝廷特诏讨贼，奉命而起。大业五年（公元609年），平定长白山洞寇；大业九年（公元613年），诏平乐伯通，授银青光禄大夫；十三年（公元617年）平娄世干，召入拜大司徒，赐宫女二十人，厩马五骑，东帛五百缎，粟千斛。“公推功将校，固辞不允，粟帛散士卒。”陈杲仁原为沈法兴女婿。大业末，沈法兴与李子通勾结谋反，但是“惧公威勇”，不敢行事。至唐高祖武德三年（公元620年）庚辰五月十八日，法兴诈称有疾，陈杲仁前往问疾，饮酒中毒，不治身亡，时年72岁。后来“一日墨云布空，风雨晦冥，忽见形威，一神矢射毙法兴，贼众溃散”。

唐王朝对陈杲仁进行封赐的过程时提到：“洎我大唐之有天下也。日月悬而天地再造，历数在而车书一统，圣人御宇，万国来朝。奉询江东晋陵耆老：‘隋故司徒陈杲仁身有八绝，可得闻乎？’”而“耆老”则等条奏忠、孝、文、武、信、义、谋、辩为八绝。唐高祖得悉所谓“八绝”之由来后，称“芳名驰于万古，壮志立于三吴，陈书虽著其高名，唐史未编其实录，敕史官宜书直笔”，遂命立祠。第一绝“忠”便称“梁大同中义兴县与晋陵竞太湖田，数年不决，太守命公断之，咸悦服焉”。《八绝碑》在论其“义”时称他“胜必推人，失乃向己，官禄给粟帛，尽散亲朋，皇恩加其仆马，并均昆弟”。万历《兰溪县志》也称他“保境绥民，功在人心，有德于民”。

自从唐代陈杲仁立祠，被正式列入官方祀典之后，各朝政府对陈杲仁的封赠不断升级，而陈杲仁也屡屡在关键时刻显灵。

（4）女神——陈十四夫人。

在我国东南地区有两大得道仙姑备受民众崇拜，一是被称为“陆上女神”的陈靖姑，二是被称为“海上女神”的妈祖。浙西南多地村庙中供奉的女性主神就是陈靖姑，浙西南民间多称之为陈十四夫人。[①]“临水夫人”、“顺懿夫人”、“通天圣母”、“顺天圣母”、“大奶”、“奶娘”、“娘妈”、“夫人妈”等也是浙闽等地民众对陈靖姑的亲切称呼。不难发现，所有的敬称都跟“母亲”有关。

---

① 陈靖姑在历史上确有其人，《三山志》、《闽都记》、《八闽通志》、《福州府志》、《福建通志》及福建诸多县的志书都有记载，历代帝王对之也多有敕封。清代乾嘉之际，陈靖姑的故事就被收集进《闽都别记》。可参见陈奋隼：《陈靖姑文化在浙南》，《福州晚报》2006年8月3日。

在浙南闽北，陈十四夫人既是助产神，也是驱邪神，民间凡求子、祈雨、祛疫，均向其祷告，“其应如响”。而且，陈十四夫人的神格还在不断提高，职能日益宽泛，已演变为多功能的女神。

在浙西南缙云县张山寨庙会期间，来自四面八方、成千上万的信众除了到庙里上香祭拜外，大多还会夜宿山庙祈福圆梦。陈十四夫人——广大民众的希望之母，如此深入人心、备受信奉，既是浙西南民俗文化的魅力所在，也是陈靖姑宽厚亲近、平凡质朴的人格特征所致。民众信奉的陈十四夫人有如下特征：

第一，平凡的身世，慈爱正义的化身。

日常人们所见的神像大多“圣像庄严，罗列阴森，不敢久立”[①]，而浙西南各地村庙中的陈十四夫人慈眉善目，仪态端庄，“有着美丽而丰满的面容，给人一种可以信赖的庄重的感觉”[②]。其眉宇间又有一股凛然不可冒犯的威严。在香客的心目中，陈十四夫人是一位慈祥的圣母，在护佑着自己的家园和子孙。她们“怀着极大的心愿，认为这种心愿不到张山寨就无法祈祝祷”[③]。

① 可参见张岱在其所著《岱志》中对泰山诸神的描述。

② 庙会时，受访的香客们如是说。

③ 庙会时，受访的香客们如是说。

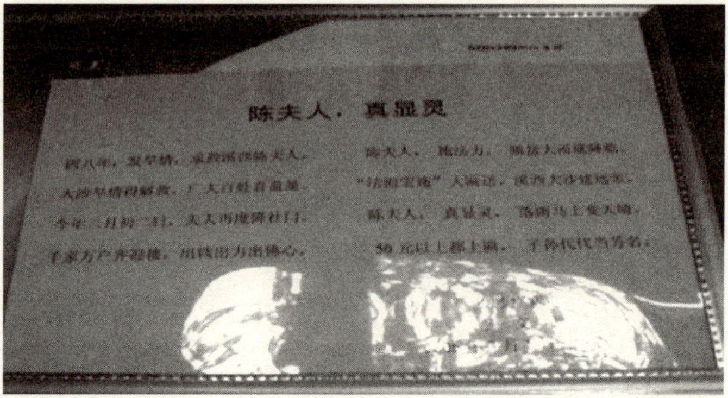

知识链接

陈夫人，真显灵

四八年，发旱情，求救西溪[A]陈夫人。陈夫人，施法力，倾盆大雨就降临。

大沙旱情得解救，广大百姓喜盈盈。法雨宏施大匾送，西溪大沙[B]建远亲。

今年二月初二日，夫人再度降社门。陈夫人，真显灵，落雨[C]马上变天晴。

千家万户齐迎接，出钱出力出佛心。50元以上都上匾，子孙代代当芳名。

大沙广福祖社　李文题赠

2006年3月1日（农历初二）

注：A. 西溪，浙江龙泉市查田镇西溪村；B. 大沙，龙泉市大沙乡；C. 落雨，即下雨之意。

关于陈靖姑的身世，浙闽等地流传甚多，但比较一致的是她的平民出身。她生于唐大历二年（公元767年），福州城外仓山下渡村人氏，18岁嫁给古田人刘杞为妻，自幼心地善良、勤劳聪慧，“少年时上闾山学法，满师下山后，一路降妖除怪……救民于水火之中，不顾自己身怀六甲，为民祈雨，屈死成神”[①]。平民也可入道成仙，体现了普通民众对自由生活的渴望，也体现着底层百姓对现实束缚和生活压力的抗争。在浙南一带广为流传的《夫人咒》中有对陈靖姑形象的生动描述：“脱了罗裙穿神裙，头戴铁盔身穿甲，手执神刀和神铃，身骑铁马救良民。”[②] 这展示了陈十四夫人的经历富于传奇的色彩以及拥有一颗济世仁心。这些也正是陈十四夫人信仰有着坚实的道德基奠和深厚社会基础的根本原因。

第二，可敬可依的老母，是女性的精神所系。

陈靖姑的平民出身及其仁慈美丽的女性特征是其他神仙难以比拟的。从发生学的角度分析，陈靖姑信仰应当是从女性开始的。在夫权制和封建礼教的束缚下，妇女备受压制，社会地位和家庭地位缺失造成的生理及心理重负，迫切需要寻求精神上的慰藉和依托，进而获得身体的解脱、灵魂的自由。加之，古代医学不发达，缺医少药，妇女难产、婴儿夭折多有发生，平安顺产是妇女们最大的心愿和祈望。陈靖姑正是在这样的背景下由一名为民解难的普通女子演化成无所不能的神祇。历史变成了传说，人演变成神。甚至，人们因为其母慈，还将其视为天上之正神。据相关史料记载：“南宋淳祐年间，朝廷封陈靖姑为‘崇福昭惠慈济夫人’，赐匾额‘顺懿’……由于浙闽台各地信奉者众，雍正七年（公元1729年），陈

① 陈奋隼：《陈靖姑文化在浙南》，《福州晚报》2006年8月3日。

② 苏尔胜、周巨展：《陈十四娘娘信俗》，人民网，http://wz.people.com.cn/GB/140256/218362/14748893.html，2011年5月26日。

靖姑被封为‘天仙圣母’……咸丰年间，又被加封为‘顺天圣母’，封号几近妈祖。”① 在浙南闽北一带，民间佛教信众多把陈十四夫人看作是观世音菩萨的化身之一。的确，作为一位女神，仁义慈善、和睦可亲，而且斩妖除魔、侠义凛然，值得信赖和依托，人们自然愿意将心中的压抑和期盼与之倾诉，祈望神灵赐福、有求必应。

第三，扶胎保育之神，现实生活之主。

陈靖姑是妇幼保护神。“相传道光帝后难产，皇帝祈求临水夫人相助，后果然灵验。道光帝遂连呼‘临水夫人真乃朕的再生父母’，陈靖姑因此被御称为‘太后’。”② 陈靖姑能“扶胎救产，保赤佑童”的种种传说，在浙南民众之中产生了深远影响，并不断扩散。如今，浙闽台以及苏赣和东南亚各地都还保留着“请花”、“求子”、“请奶过关”等习俗，已婚妇女纷纷前往夫人庙，表达早生贵子或子女平安健康的夙愿。

人们围绕陈十四夫人保护妇幼的功能，根据自己的需要不断创造出更多与生儿育女相关的各种职能。随着祀奉的信众的增多且复

---

① 《陈靖姑信仰》，http：//news. fznews. com. cn，2007 年 8 月 23 日。

② 卢星：《海峡两岸一家亲——走进国家一级博物馆“中国闽台博物馆”》，《石狮日报》2012 年 7 月 22 日。

杂化及声名的日渐隆盛，她的职能也随着信众的意念的转变而日益扩大。至今，差不多凡间万物的兴隆衰败、吉凶祸福都能管了。如此，八方宾客慕名纷至沓来，请香报赛，皆先有事祈祷于陈十四夫人，而后及各地。在浙南闽北诸地，民众基于对陈十四夫人的景仰，还形成了一些禁忌民俗，比如女子十八不婚嫁，祭祀用鸡不用鸭，轿不点灯，香灰常扫等，并逐步发展成为一种地域文化现象，至今一直影响着民众生活的诸多方面。①

以前在浙西南中心城市——丽水城内建有多座夫人庙，或称顺懿夫人庙。其中，最有名的是清同治版《处州府志》中所记载的顺懿夫人庙："在丽水县治西，太平访鹤鸣井南。"清梁茝林《退庵随笔》中对此庙也有记载。现在城区中此庙虽已不在，然而在丽水城区周边的灵山寺、小白岩、东西岩等地及所属各县的乡村，我们

① 女子十八不婚嫁，二十四不生育。这是由于陈靖姑十八岁出嫁，二十四岁因祈雨而胎毁身亡。祭祀时用鸡不用鸭。这是由于传说陈靖姑祈雨时，蛇妖和长坑鬼曾经变幻鸡来坑害她，而鸭则来营救她。因此，妇女坐月子也都用鸡不用鸭。轿不点灯，香灰常扫。这是由于相传陈靖姑坐化为神后，蛇妖阴魂不散，苦苦哀求仙师开恩："小妖何时出头？"陈靖姑下咒说："除非临水宫中铁轿开花，天地炉香灰龛满。"可参见陈靖姑信仰，http：//news. fznews. com. cn，2007 年 8 月 23 日。

都还可以看到众多夫人庙。陈十四夫人在浙西南各地民众中的影响之深、流传之广、崇拜之盛是其他神佛“望尘莫及”的。[1] 在解放前，浙西南各地还有许多称为“夫人会”的民间组织，属民间妇女自发聚集的信仰团体。凡年龄相仿的妇女，只要志同道合，聚在一起，在陈十四夫人像前结拜，这就算正式组成一个“夫人会”了。“夫人会”一般由十个姐妹组成（其实是自愿结拜九个姐妹，并拜陈十四夫人为大姐）。“夫人会”的成员每年至少聚会三次，除正月十四日陈夫人生日外，平时哪个姐妹生日，生小孩或去夫人庙还愿都会聚会。

知识链接

文化遗产：道惠夫人会[2]

“道惠夫人会”是以陈靖姑信仰为核心的传统庙会民俗，流传在松阳县玉岩镇一带。陈靖姑又名陈十四夫人，是浙江南部、福建一带民间颇具影响的地方性女神，明代传入松阳。在陈靖姑信仰的影响下，当地还有相关的戏曲、曲艺、民间文学的流播，可谓家喻户晓。“松阳道惠夫人会”在每年农历正月十四日至十六日，有全村祭祀供品制作比赛、全村聚餐、生儿人家分粽子、灯彩表演等民俗活动。其中保存着许多十分古老的文化信息，极具研究价值。时至今日，此类民俗正在迅速消逝，当年活跃在庙会活动中而又身怀绝艺的老人正相继去世，亟须予以抢救和保护。

---

① 可宁：《在丽水最受欢迎的“女神”——丽水民间的陈十四信仰》，http：//blog. sina. com. cn/s/blog_ 465ebea10100by05. html，2009 年 1 月 16 日。

② 资料来源：浙江在线网，http：//zj01. zjol. com. cn/05zj01/system/2008/08/28/009881842. shtml。

（5）孝仙——马氏夫人。

供奉马氏天仙的庙宇在浙西南各地都可见到，对于她的出生地和出生年代以及神灵信仰、庙宇建筑始于何时等，传说、碑文和史料记录较多，但多数说法不一。然而，浙西南各地乡村的老人总能绘声绘色地讲述关于马氏天仙的故事：

马氏是一位年轻美貌的少女，家中排行第七，又称马七娘。自从嫁入夫家后，其婆婆对她非常不友善，处处刁难她，而她却毫不在意，非常孝顺婆婆。最后，马氏的孝行终于感动了神仙，赐予她仙丹，教她法术。她在一次抵御外寇时，立下大功，保护了老百姓的生命财产，被皇帝敕封为“护国马氏天仙”。马氏成仙后曾腾云驾雾于龙泉等地拯救苍生、护佑黎民……

据考，相关碑文记载中关于马氏是唐朝人，原名马七娘，浙江平阳人，嫁给景宁鸬鹚人的说法较多，马氏天仙的祖庙在景宁县鸬鹚乡的说法较可信。立于景宁县鸬鹚乡横山岭下马氏天仙祖庙前，刻于清雍正年间的《马天仙碑记》记载：“仙母生五代之唐。”[①] 清朝同治版《景宁县志》记载了唐朝李阳冰在缙云任县令时专门写过《马夫人碑记》，其中就记载了马夫人耐心侍候刁蛮婆婆的孝行事

① 该碑立于景宁县鸬鹚乡横山岭下马氏天仙祖庙前，碑记刻于清雍正年间。

迹。李阳冰是历史名人，《辞海》注解：“乾元时为缙云县令。”唐“乾元”，即公元758—759年。按此推算，马氏的出生年月至少是唐朝中期，即唐肃宗以前，而不是“五代之唐”（公元923—936年），两者相差了200年。虽然各书记载不一，但马氏天仙至少已有1 000多年的历史，1 000多年来，人们通过各种祭祀活动，将对马氏天仙的信仰传承了下来。

至今，在浙南的景宁、云和、龙泉、庆元、青田等地乡间还广泛传唱着记载马天仙传闻事迹的《马佛经》，浙西南各地乡村的老人们自然也是耳熟能详：

马氏原来亦凡人　雾溪平阳岗村人　之后迁到鸬鹚去　驾鹤成神上天庭
有年番边大造反　马氏作法仙术精　打得番边番王败　国家百姓享太平
经过唐王亲察访　才知马氏是仙灵　唐王重赏厚封敕　护国救民马佛人
马氏娘娘功劳大　为国爱民一心诚　千呼万唤声声应　收妖捉鬼次次赢
连念三遍马佛经　全家平安万事兴　天昏地黑四沉困　马佛殿内放光明
头顶红云灵光显　脚踏莲花行成功　天旱之时云行雨　天雨之时日放晴
一年四季风雨顺　万民百姓乐康宁

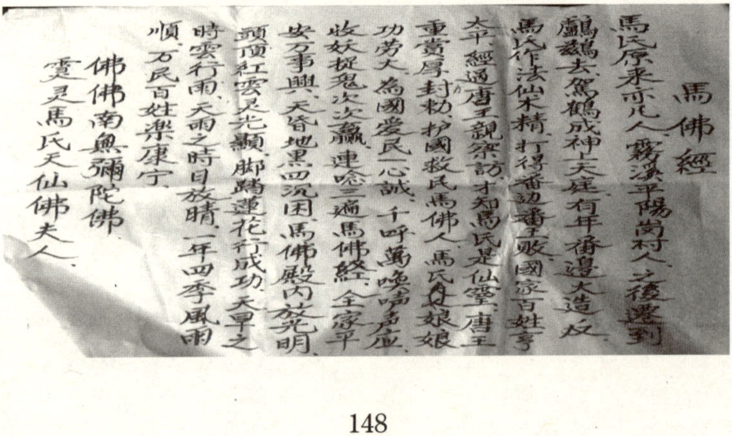
馬佛經
馬氏原來亦凡人、霧溪平陽崗村人、之後遷到
鸕鷀去、駕鶴成神上天庭、有年番邊大造反、
馬氏作法仙術精、打得番邊番王敗、國家百姓享
太平、經過唐王親察訪、才知馬氏是仙靈、唐王
重賞厚封勅、护國救民馬佛人、馬氏娘娘
功勞大、為國愛民一心誠、千呼萬喚声声应、
收妖捉鬼次次贏、連唸三遍馬佛經、全家平
安万事興、天昏地黑四沉困、馬佛殿内放光明、
頭頂紅雲灵光顯、脚踏蓮花行成功、天旱之
時雲行雨、天雨之時日放晴、一年四季風雨
順、万民百姓樂康宁、
佛佛南無彌陀佛
霊灵馬氏天仙佛夫人、

在此，我们可以深切地感受到广大信众对马氏天仙为国为民、大孝大德之高尚品格的认同和赞赏，对其无限法力和伟大神格的顶礼膜拜，对村落和自身康乐祥和生活的无限向往。百姓感恩于马氏的恩泽，在许多地方建立起庙宇以纪念和祭祀马氏天仙，百姓通过各种祭祀活动表达了自己美好的愿望，世世代代相传，这些活动慢慢地变为形式不同的迎神庙会，马氏天仙也成为当地百姓信仰的神灵，而这种迎神庙会曾一度是浙西南一带最为盛大隆重的民间节日，其盛况比之春节有过之而无不及。①

（6）清官——胡公大帝。

浙中永康方岩是省级风景名胜区，也是我国境内发育最充分、特征最鲜明的丹霞地貌区之一，与浙西南缙云县接壤。方岩风景区景色秀丽，素有“人间仙境”之称，其中最引人注目的人文现象首推胡公信仰。1959 年 8 月 21 日，毛泽东主席专列由庐山返京途经金华接见部分地县委书记时说：“永康不是有个方岩山吗？方岩山上有位胡公大帝，香火长盛不衰，最是出名的了。胡公不是佛，也不是神，而是人，他是北宋时期的一名清官，他为人民办了许多好事，人民纪念他罢了。为官一任，造福一方，很重要

① 《浙南民俗：龙庆景迎神民俗的典范——三堆迎神节》，http：//xnc.zjnm.cn/zdxx/twjs/view.jsp？zdid = 21438&lmid = 1789&id = 3226。

呀！”由此，我们感受到胡公信仰确实影响至深。目前，胡公的信奉者遍及浙中、浙东、浙南，影响远播皖、赣、闽等周边省市，胡公是江南最大的地方神之一。

胡公不是佛，也不是神，而是北宋时期的著名政治家，一个实有的传奇式的历史真实人物，以清正廉洁、勤政为民而著称于时。他姓胡，名则，字子正，宋乾德元年（公元963年）生于浙中永康，而民间流传的《胡公经》却说他出生在浙西南缙云，端拱二年（公元989年）登科进士，历仕太宗、真宗、仁宗三朝四十七年，十握州符，六持使节。景祐元年（公元1034年）获准致仕加封兵部侍郎荣衔退老杭州，于宝元二年（公元1039年）即卒后第二年葬于西湖龙井。他自幼果敢有才气，曾在方岩僧舍读书，任官期间宽刑薄赋，清正廉明，颇有政绩。尤其于明道元年（公元1032年），直言极谏，要求皇上免除衢、婺两州百姓身丁钱，百姓感恩。“妖由人兴，神由人造。”因胡公生前善察民情、好为仁政、有德于人、有功于国，百姓为感恩戴德，故在胡公少年就读之地方岩立祠庙祀之。宋绍兴三十二年（公元1162年）宋高宗赵构应百姓之请求，用“赫灵”两字作为胡公的庙额。不久胡公被神化为“若水若旱若疫若疠，有求无不应，有祷无不答”的胡公大帝。① 从此，胡公被百姓敬若神灵，成了“有求必应”的活菩萨，并于每年农历八月十三日胡公生日那天，举办各种民俗活动，以祭拜胡公大帝。东阳、义乌、缙云、武义甚至台州、温州、丽水的香客络绎不绝。善男信女不仅把方岩胡公祠庙修建得金碧辉煌，而且在各郡境大兴土木建造胡公别祠别庙，几乎在浙江一带无一邑乡无公庙。同时，胡公会组织应运而生，在民间纷纷建立。据元代进士黄溍在《胡侍

---

① 鲍志成：《北宋清官胡则及“胡公大帝信仰”》，《东方博物》2005年第4期。

郎庙碑阴记》中记载："公本以助王师、殄巨寇，庙食于一乡，而其光灵，无远不被。能出云为风雨，农人咸以望岁者望于公。凡村墟里社，必为祈报之所。故公之别庙，布满于郡境，不啻数十百区。"胡公殿越建越多，信奉胡公之风更为盛行，人们对胡公之崇拜达到顶礼膜拜的程度。清朝国子监学正应宝时在《重建胡公庙记》一文中写道："庙成不数月，远近乡民争助冠袍、幢节、钟鼓之属，几无虚日，于以知公之灵至今犹赫濯如守土时也。余郡暨绍台温处诸郡公庙以千百计。……惟浙东千里，几无一邑一乡无公庙，则公之能使桑梓远蓄害，蒙庇覆，亦彰彰可信矣。"①

在浙西南各地，胡公因其"廉洁为官、造福一方"之美名，深受百姓崇敬，浙西南民众除农历八月十三日赴永康方岩祭拜外，还会以其他各种方式表达敬仰之情，以祭奠胡公为核心的一系列文化活动长盛不衰，形成了独特的富有地域特色的信仰文化。一是立庙奉祀。在浙西南莲都、缙云等地修建有多处胡公殿，供百姓祭拜。二是以"迎案"为主体的胡公庙会。随着胡公被逐步神化，奉祀活动的规模和范围日益扩大，内容和形式越来越丰富，加之方岩庙会的传播和影响，浙西南民众也从单纯到胡公殿敬胡公凭吊先贤，逐渐发展为融祷神祈福、联亲会友、遣兴自娱于一体的胡公庙会

① 陈吉：《祭祀圈、认同感与文化建构——以浙江永康胡公信仰为个案》，《中国外资》2012 年第 1 期。

活动。三是胡公信仰在一定程度上带动了当地商业、旅游服务业的发展。

知识链接

胡公殿

胡公殿位于缙云仙都岩门景区岩坑村，是一座当地胡姓村民祭拜先祖的祭祀场馆。门前左右各有一座石狮（有一座石狮因损毁尚未修复），殿门左右有彩绘龙虎，上有八仙图，进门可见“胡公赫灵”、“兵部尚书”等匾额。正中供奉胡公及两位夫人。胡公，名则，字子正，据岩坑村《胡氏宗谱》记载，胡公曾祖父原为杭州钱塘人，官至吴越县令，后迁到岩坑。胡则于当地出生。胡则14岁从师读书，22岁就读于永康方岩观音阁，26岁中进士，后在岩坑建了进士牌坊（现在只剩下进士坊石碑两块）。由于他为官清正，护国爱民，百姓都很尊敬他，称他为“胡公大帝”，毛泽东也称赞他“为官一任，造福一方”。缙云一带的男女老幼至今保留着逢年过节到胡公殿祭祀和每年入秋后步行上方岩朝拜胡公的传统。

（7）白衣丞相信仰与清真禅寺。

浙西南青田县西南方向约23公里处的阜山乡眠牛山麓坐落着一座有着千年历史的古刹——清真禅寺，系全国百座名寺之一。寺

门上书法大师沙孟海写的“泽被侨乡”四字赫然醒目，寺内有赵朴初的“清真禅寺”等名家题词。凡到过清真禅寺的人，无不

被寺内的数十对“千斤烛”所吸引，它整年烛光长明，堪称江南一奇、华夏一绝。那是浙南一带善男信女每年庙会时敬奉给殿内白衣丞相的。端坐在庙堂正中、身着衮衣玉带、头戴眩目明珠、两翎外展的白衣丞相，受后人顶礼膜拜，终年香火不绝，又有千斤巨烛助盛，可谓备极哀荣。①

据传，白衣丞相确有其人，人物原型系历经了唐玄宗、肃宗、代宗、德宗四朝的元老，名李泌，字长源，生于唐玄宗开元十年（公元722年），仙逝于唐德宗贞元五年（公元789年），京兆（今陕西西安）人，祖籍辽东襄平（今辽宁辽阳）。他是唐代中叶的大谋略家，是平定安史之乱的总策划师，也是打击、削弱吐蕃的筹划者。他经历了唐玄宗、肃宗、代宗、德宗四朝，四朝皇帝都非常器重他，在抵御外侮、捍卫国土、平反冤狱、兴修水利等方面做出了辉煌的业绩，其间四落四起，最后位至宰相，封为邺侯。李泌平时爱穿白色衣服，经常到民间察访民情，为民治病解忧，被人称为“白衣丞相”。他视功名如敝屣、富贵似浮云。晚年，他摆脱名缰利

① 陈木云：《白衣丞相李泌与阜山清真禅寺》，http：//blog.sina.com.cn/s/blog_4e52db110100pl3f.html，2011年3月5日。

锁，又隐居衡岳修炼，钻研经史、天文、医学、地理、音律、五行之学，明神仙修炼之术，通灵达性，参悟玄机，终至道成。李泌仙逝后，唐德宗颁诏追赠其为太子太傅、白衣丞相。①

据民间传说，与李泌同朝一青田籍陈姓京官，因为官期间受奸臣陷害，被打入天牢，李泌为其辩明冤情，才得以平反出狱。后来，陈某又染重病，李泌精通医术将其治愈。陈某感激白衣丞相恩德，撰文记述此事，并在家中立长生牌位供奉，告于后辈，永铭白衣丞相李泌恩泽。宋时陈某后人移居阜山，于是在阜山建“清真堂”，纪念白衣丞相李泌。此后在浙南青田、永嘉一带，修建了许多供奉白衣丞相的寺庙，青田阜山的清真禅寺规模最大，年香客数量达50多万人次，在浙南一带颇有影响。正殿匾额“三朝元勋”、“德遍广宇”、“道惯天地”及两旁楹联：“抚青剑乃文乃武，着白衣是佛是仙”，这些都体现了民众对白衣丞相的高度评价和无比崇仰。

① 陈木云：《白衣丞相李泌与阜山清真禅寺》，http：//blog.sina.com.cn/s/blog_4e52db110100pl3f.html，2011年3月5日。

"青田阜山立寺奉祀之后，屡显灵异，信徒日众，信众喻为人间活佛。"每年农历五月十四日和十月十四日为白衣丞相的生日和得道日，二月十九日为观音菩萨生辰，海内外香客如云，清真禅寺热闹非凡。瓯江下游的善男信女以"廿四拜"的仪式向白衣丞相、观音大士敬献长明烛（即"千斤烛"）各一对，用彩车、乐队护送而来，择日举行燃烛仪式，香客们拈香肃立，神情庄严，虔诚可掬。"白衣丞相出巡"活动期间，海内外华侨云集，香客云涌，宾朋纷至沓来，多达数万之众。

清真禅寺建立后，历年屡有修建，现存建筑以中轴线依次为山门、钟鼓楼、放生池、一进门台、二进白衣丞相殿、三进观音殿等，总占地面积约一万平方米。2010年清真禅寺重新恢复了因历史原因曾停办近60年的"白衣丞相出巡"活动，重现了"白衣丞相"民俗盛况，人民网等媒体对活动情况进行了报道。

知识链接

青田重现"白衣丞相"民俗盛典①

——因历史原因曾停办近60年，目前已申报"省非遗"

本报讯　昨天上午，丽水市青田县阜山乡清真禅寺举行"白衣丞相"民俗活动，重现一甲子前的民俗盛典，来自青田以及温州等地数千人参加了这一盛典。据悉，青田县已将该活动向有关部门申报"浙江省非物质文化遗产"。

昨天上午9时，在阜山乡清真禅寺前，村民身穿唐朝官员、将

① 陈忠：《青田重现"白衣丞相"民俗盛典——因历史原因曾停办近60年，目前已申报"省非遗"》，人民网，http://wz.people.com.cn/GB/139026/146283/10992300.html，2010年2月21日。

士等服装出巡，出巡队伍达千余人。“白衣丞相出巡”活动俗称“游祥”或“游垟”，是指唐代著名政治家“白衣丞相”李泌的出巡，类似于温州的“拦街福”、杭州吴山庙会“抬城隍”、福建湄州岛妈祖出巡等传统节庆活动，是浙西南地区影响最大的春节民俗活动之一。该出巡活动在当地曾延续了几百年，是青田县阜山乡以及周边群众重要的文化习俗，但由于历史原因一度停办近60年。

清真禅寺是全国百座名寺之一，始建于宋朝，原名“清真寺”，后改为此名，为纪念李泌所建，赵朴初题写寺名，沙孟海题赠“泽被侨乡”墨宝。清真禅寺每年接待游客50多万人次，其中温州游客占半数以上。

青田县阜山乡人大主席王锡存说，该乡经过1年多的筹备，深入挖掘清真禅寺的文化资源，才重现了“白衣丞相”民俗盛况。包含“白衣丞相”出巡、敬献千斤烛仪式等在内的“阜山庙会”项目，现已列入市级非物质文化遗产保护名录。

(8) 唐葛周信仰与将军庙。

在浙西南缙云县仙都风景区谢公岩往南，东渡镇雅宅村东边，在章溪汇入好溪处有一山岭，当地人称之为“唐葛岭”。此处林木苍郁，幽谷迭出，溪声盈耳，岭中有一座古庙——三龙庙，又名将军庙，庙中主殿供奉的是唐、葛、周三位真神，日常信奉者众多。

据传，西周时期，唐、葛、周原为周厉王手下的三位将军，因厉王荒淫无度，不听三将军的进谏，三人就弃官而去，南游

于吴，吴王大悦。当时楚兵侵犯吴国，吴王很是担忧，三将军就帮助退敌，各用神策，击败了楚国。吴王想要封赏三将军，被他们拒绝。后来，周厉王死后，宣王即位，三人又回到周国，宣王非常高兴，给三人官复原职，三人协助宣王，共图大治。民间传说，唐、葛、周三将军同时去世，百姓认为他们三人是上天做神仙去了。后人不断地将唐葛周神化，并建庙以敬之。因唐葛周在吴国住了很长时间，为吴国做了许多好事。并且浙西南缙云之地也属于吴国范围，因此，当地百姓很怀念他们三人，为他们立庙纪念，历朝历代，不忘恩德，祀奉敬拜，香火不绝。特别是每逢他们生日，百姓就到殿祝贺敬奉，希望三将军继续为人间禳灾降福。[①] 明朝中期出了一本书，叫《三教源流搜神大全》，记载了各个时期的神仙事迹，唐葛周就被记载在这本书里。

现浙西南缙云县三龙庙逢每月初一和十五日香火最为旺盛，在浙西南各地及浙中金华、浙南温州等地有很大的影响。

① 徐学献：《唐葛周三将军简介》，http：//blog. sina. com. cn/s/blog_ 5520fd570100loml. html，2010 年 10 月 11 日。

知识链接

唐、葛、周三将军传说

唐、葛、周三将军生于公元前850年的周朝。其母是山东登州凤阳九龙山下人，家境清贫，与人为善。其母临产时喜遇仙气，一阵白光吓得其父一命呜呼。婴儿白脸秀气，取名唐宏，字文明。三岁会做饭，四岁能砍柴，上山下地无所不精。后其母改嫁到一户姓葛人家，又生一子，临产时只见红光临门，生了个红脸公子，起名葛雍，字文东，一月会坐，二月能爬，三月出齐牙。不幸其父遇难身亡，孝满，一位姓周的汉子来入赘，其母怀孕生产之时，恰逢山神过往，生了个黑脸的周斌，字文昌。三年长大成人。兄弟三人天资聪颖，力大过人，并商定各自拜师学艺，立志护国安民。大哥从师读书，才高八斗；二哥习医济世，妙手回春；小弟学武九龙山，除恶扬善。不久三兄弟闻名于世，受周厉王御封为官。厉王好猎，荒废朝政。三兄弟联名起奏："先王勤政爱民，天下归心……"屡次苦谏反遭厌恶。后离周游吴。吴王留为重用。不久楚国举兵伐吴，吴王惊慌失措。兄弟誓死护吴，共献良策，率兵征服楚国。吴王对之重赏，三兄弟推辞："我等是客，表彰吴国将士才对。"不久，周厉王打猎身亡，宣王即位，即召三人回国重封。三兄弟整理朝纲，并降服五方使者。接着宣王派遣三人赴东衮赐粮赈灾，扬善除恶，奖励农耕，拨乱反正，安抚百姓。民众感恩戴德，三兄弟加封侯爵，深受历代百姓敬仰朝拜。

宋大中祥符元年（公元1008年），真宗东游岱岳，到山门，忽见三仙自天而降。皇帝敬问，三仙回答："臣受天命护驾来也。"真宗即封三仙为将军。后人遂称唐、葛、周为三将军。唐把印，葛掌戟，周执节。各人身披金甲，浩气凛然。宣和五年（公元1123年）

徽宗敕赐“威佑三将军”之庙匾。

宋宣和年间，三将军体察民情云游龙溪，目睹龙溪境内久旱无雨，瘟疫流行。三将军即发慈心，立施神威，济赐甘雨，消灾驱邪。百姓感恩戴德，择地西应为之建庙宇塑金身。从此，龙溪百姓世世代代在三将军殿逢旱求雨，遇邪祈医。特别是远近村民每逢新生婴儿犯箭忌、出麻疹、生痘疮，即拜认亲爷，或焚香许愿。无不逢凶化吉，有求必应。有道是：唐葛周抑恶驱邪威震遐迩，三将军济世扬善恩泽古今。

尽管时势无常，历代香火不衰。

西应将军殿癸未修缮重光理事会考
应子根敬撰于二〇〇三年八月　吉日

功德碑

缙云龙溪三将军殿，历经沧桑数百年之久。虽物换星移几经兴废，然唐葛周三将军扬善抑恶、济世匡民的恩泽永铭历代百姓心中。幸逢春光雨露升平盛世，文理明顺行见树帜。八方善男信女倡慈善，寄信念，襄义举，塑金身，修庙宇，解囊献策，勠力同心。始得庙宇重光，金身再现。为昭示世人，对行善之事群而效之，对积德之为旌而表之，特将乐助本庙修缮重光者的芳名刻载如下：

略。

西应将军殿癸未修缮重光理事会

公元二〇〇三年八月　吉日

三、集体性仪式活动

法国著名社会学家爱弥尔·涂尔干认为："宗教是神话、教义、仪式和仪典所组成的或多或少有些复杂的体系。宗教现象可以自然而然地分为两个基本范畴：信仰和仪式。信仰是舆论的状态，是由各种表现构成的；仪式则是某些明确的行为方式。

这两类事实之间的差别，就是思想和行为之间的差别。"[①] 宗教仪式通常可分为巫术、禁忌、献祭、祈祷等，强化宗教信仰是所有这些宗教仪式的重要目的所在。民间信仰是广大民众自发产生并自然传播的神灵崇拜，包括信仰对象、观念、仪式等主要对象，而集体仪式则是广大信众与其所信仰的神明之间沟通的重要行为方式。聚餐、斋醮（法会）、酬神演戏、游神巡境是民间信仰中常见的、主要的集体性仪式活动。从仪式分类上看，聚餐、酬神演戏具有献祭仪式的性质，斋醮、游神巡境则具有祈祷、巫术与献祭并重的性质。从社区影响力角度来看，游神巡境仪式规模最大，具有最广泛的社区参与性及神圣性、娱乐性、全民性、组织性并重的社会特征。[②]

1. 聚餐

在社会生活里，宗教礼仪不仅是各种宗教之间相互区别的显著

---

① ［法］爱弥尔·涂尔干著，渠东、汲喆译：《宗教生活的基本形式》，上海人民出版社2006年版，第44页。

② 甘满堂：《村庙与社区公共生活》，社会科学文献出版社2007年版，第168页。

标志，而且也是各种宗教用以扩大宗教组织、培养宗教信仰的重要的常规性手段。[1] 在宗教信仰活动中，信众群体在特定的宗教节日中以特殊的饮食方式或活动来激发人们的宗教情感是较为普遍的现象。比如，基督教中的“圣餐礼”；伊斯兰教的“三大节日”[2]；佛教在饮食上有很多规定，最主要的有“过午不食”、“食从五观”和“一日不作，一日不食”以及佛教徒们独具特色的饮食习俗——“素食”等。其实，这些饮食方面的礼仪或规定都是将各自宗教的理念和仪式深入到信众群体的日常饮食之中，这对于唤发信众对至上神的敬仰显然起到了强化的作用，而通过集体性的饮食仪式活动，则具有增强信众群体凝聚力的实际效用。

在浙西南民间信仰中也有饮食方面的集体性活动，这就是聚餐活动。这种聚餐活动多在村庙所供奉之主神生日或节庆日（主要是春节期间）举行，其社会功能也是多方面的。有的农村，信众群体的聚餐活动往往一年不止一次，其中以村庙主神诞辰聚餐最为隆重，但也多与其他祭拜仪式一同进行，通常附在其他活动之间，较少独立开展。神诞聚餐的大致情况是：神明诞辰日是乡

① 《宗教礼仪的基本知识》，中国民族宗教网，http：//www. waheaven. com/WH44672. html，2011 年 3 月 14 日。

② 开斋节、古尔邦节、圣纪节都有关于饮食方面的礼仪。

村信众的公共节日，村民需要用丰盛精美的供品向神献祭，仪式完毕，村民们再聚集在一起享用祭神的美食，也有的带回家享用祭神的美食。① 浙西南各乡村民众偏重于在村庙内或村里的大礼堂等较大型的公共场所聚餐。

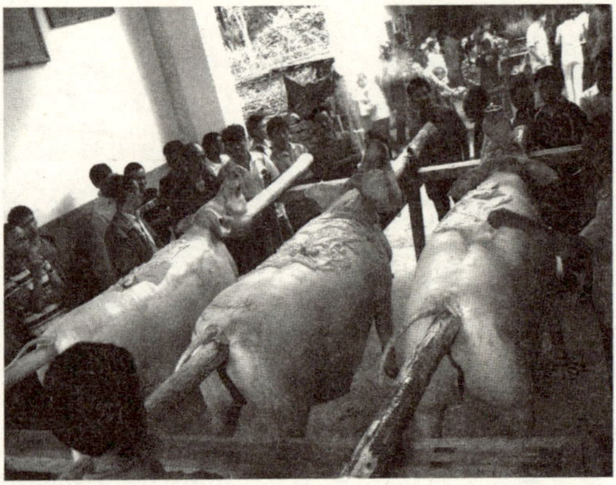

村庙主神诞日自古以来多是传统村落的公共节日，乡民云集，热闹非凡，活动内容更是丰富多彩，而聚餐则成为村庙神诞时不可缺少的公共活动内容之一。此外，通常还会有平安法会、演戏等。在村庙神诞时，村庙管委会要代表全体村民向村庙神灵献祭，而家家户户也要精心准备供品向庙内诸神献祭。祭品在献祭后，村民们则以聚餐的形式共享。同时，参加聚餐者需要交份钱（或交纳米、青菜、大豆、柴火等实物），不是“白吃”的。在信众们看来，各家各户提供的供奉神灵的食品在祭祀活动结束后就有了一种神赋的意义，人们吃了之后便会得到神灵在某些方面的护佑，对于祛病消灾、强身健体是有好处的。因而，在浙西南，人们通常把村庙内的聚餐称为“福餐”，这也表明这种发生于村落内部基于对地域性神灵的信仰而进行的集体性的饮食活动是具有一定的

① 民间信仰村庙神诞聚餐有两种形式：一是在村庙内的社区居民家庭代表的会餐，二是家庭里的亲朋好友聚餐。参见甘满堂：《村庙与社区公共生活》，社会科学文献出版社 2007 年版，第 169 页。

神秘色彩和宗教意义的，这种以共享形式消费祭品的仪式也成为民间信仰中人神沟通的重要方式之一。

村庙聚餐的宴席通常就设在庙堂内或村内宽敞的公共场所。在庙内聚餐可以喝酒、抽烟，就像在饭馆里吃饭一样。村民们在神像面前大快朵颐，猜拳行令，别有一番田园生活的情致。这种风俗表达了民间信仰中“人神共庆”的意思。

在以家户为生产单位的农村，村民们平时很难聚在一起，而村庙聚餐则为他们提供一种加强联系与沟通的机会。代表各个家户出席村庙宴席的多是一家之主，借着酒兴，在众多家户代表都在场的时候，许多问题都可以提出来讨论，平时一些矛盾在这种公开聚会的场合可以得到解决。因此，村庙聚餐的社会意义远远不同于一般意义上的聚餐。

2. 斋醮（法会）

中国古代宗教仪式中有许多斋戒仪礼以及等级森严的祭仪规定。斋醮是道教对其崇拜仪式的传统称呼，俗称“道场”。斋（齋），《说文解字》称“戒洁也，从示”，是斋戒、洁净之意，指的是在祭祀前，必须沐浴更衣、不饭酒茹荤、不行房事，以示祭祀人的诚敬。[①]《礼记》说到将祭时，“君子乃齐（斋）”，“防其邪

① （汉）许慎：《说文解字》，中华书局1963年版，第8页。

物，讫其嗜欲，耳不听乐。故记曰：齐（斋）者不乐，言不敢散其志也。心不苟虑，必依于道。手足不苟动，必依于礼。是故君子之齐（斋）也，专致其精明之德也”①。醮，《说文》中有二义，一作冠娶之礼解，一作祭仪解，而“祭，从示，以手持肉”，意思是献肉以祭。宋玉《高唐赋》称：“有方之士，羡门高溪。上成郁林，公乐聚谷。进纯牺，祷琁室。醮诸神，礼太一。”“醮”乃祭神之意，中国古代祭祀中就有“醮”名，后为道家所沿用。《无上黄箓大斋立成仪》称：“烧香行道，忏罪谢愆，则谓之斋；延真降圣，乞恩请福，则谓之醮。斋醮仪轨不得而同。”② 道教创立斋醮仪范，其目的有三：一是为修道，二是为通神，三是为供养。道教斋醮仪式结构复杂，通常要由各种独立的科仪组成，每个科仪又都具有特定的宗教寓意功能。据统计，现存《道藏》和《万历续道藏》中的科仪经籍共有一百七十二种，其中包括各种斋醮仪、授度仪、灯仪、坛仪、格式等著作。③

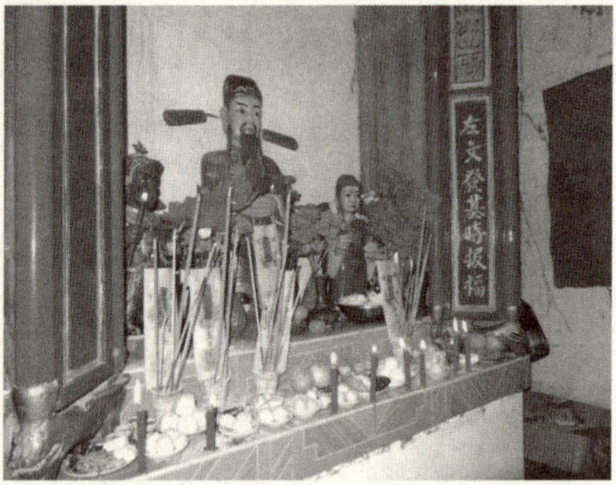

斋醮也是村庙信仰活动中最主要的和最具宗教色彩的活动之一，由道士（法师）主持。因此，从这个角度来说，村庙信仰与道教联系最为密切。斋醮在浙西南地区多被称为法会，一般来说，法会通常

① （清）阮元校刻：《十三经注疏》，中华书局1980年版，第1603页。
② 《道藏》（第9册），第478页。
③ 朱越利：《道教答问》，华文出版社1989年版，第97页。

由和尚主持，但浙西南地区民间村庙法会并不请和尚主持，只是借用佛教的名义而已，实际上请的是乡间的土道士主持法事，以祈求神明护佑，消灾解厄。

浙西南乡间常见的斋醮有祈安醮、庆典醮、祈禳醮、度亡醮等。祈安醮，其主要目的在于祈祷风调雨顺、五业兴旺与地方平安等。庆典醮，主要用于建房的破土、奠基、架梁、安门、竣工和各种吉事庆典以及神诞或神像点眼开光等。祈禳醮，一般用于禳灾，又分为海醮、水醮、火醮与虫醮等。度亡醮的主要目的在于祈求祖先及亲人亡魂免堕地狱受苦，早升或超度天堂。斋醮作为群体性的信仰仪式和宗教性活动，其中祈安醮用得最普遍，庆典醮偶尔为之，祈禳醮在传统村落社区中也时常可见。

斋醮活动在时间上因目的不同、内容差异而有所不同，长短不一。持续时间最长的为大醮，长达七七四十九天。持续时间短的如“午夜三献”，即在当天中午开始，午夜之前结束。一般来说斋醮活动的期限是一至三天。每年通常在村庙主神诞辰日或春节期间举办一次平安法会，而历时较长的斋醮活动，则只有少数经济条件好的村落或村庙影响较大的乡村才能举办或间隔多年才会举办一次。①

村庙神诞的斋醮，因各地风俗不同，仪式也不相同，其过程

① 甘满堂：《村庙与社区公共生活》，社会科学文献出版社 2007 年版。

中的程式相当复杂，目的在于通过道士所主持的仪式，祈求神明护佑、消灾、延年、增寿等。在浙西南农村，一年一度的村庙神诞斋醮仪式热闹隆重，游神巡境仪式穿插其中，似乎已成为村庙中的常规性活动。财力雄厚的村庙有时还会举办大型的醮典，当地人称为“普度法会”。

知识链接

浙西南××村斋醮仪式

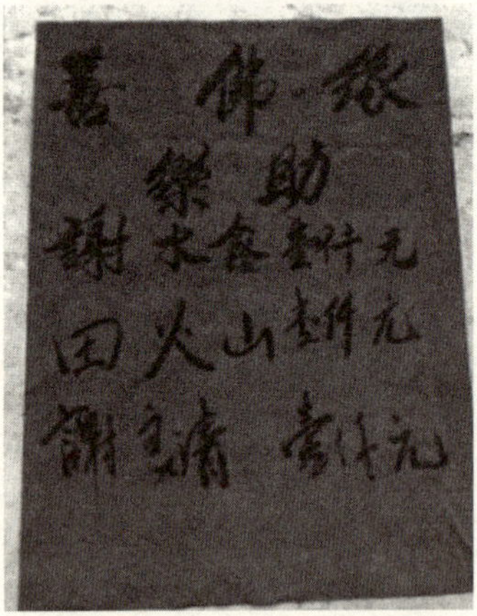

农历十月十五正日，早上7点开始第一次奏乐发表，接着是扬幡和早朝（请神、荡神、安神）、诵经、午朝。下午则是三个小时的游神，村民们和乐队、道士、被抬入轿中的“三仙”去请神做仪式的农家做简短的供奉仪式。结束时在村头放水灯。

晚饭素斋后，仪式重新开始。约晚上9点，本村村民陆续到庙内敬神。10点半左右，法师重新请神，并拜表、宣文，诵读所有村民的名字（这些名字被写在黄纸条上，在午朝时也诵读）。当这些写满村民名字的纸条被焚烧后，早晨升起的旗幡随之慢慢被降下来。同时，村民抬着一头猪先献于庙门口，之后再带往旗幡落下的地方宰杀，猪血被接入木桶内，和大米一起被泼到地上。据说这是献给孤魂野鬼的。午夜之后，开始最后一次奏乐。

第二天早上，人们便把堆积得像小山一样的银纸在前晚献生猪血的地方焚化给那些不幸身亡的死者。法师又一次向神祇谢恩、送神，随后便领着队伍游行伴送“三仙”回庙。

道士（法师）在村庙醮典仪式中起着十分重要的作用。在仪式中，他既是指挥者，也是表演者，身兼数职。他在整个村庙庆典中，担当着人与神之间沟通的角色。道士以其祖传的法术与技艺表演，使村民感觉到自己对神的敬意与祈求已传达给神，从而获得一种信仰上的满足感。

在乡民们看来，通过建醮，可以超度亡灵，饱尽饿鬼，消除地方不靖、兵刀水火之灾，确保地方的平安。在传统社会中，农村地区医疗卫生条件很差，导致瘟疫横行，每逢疫起，民间好事者就联合起来办大型醮典，设坛祭祀鬼神，实际在于祈愿逝者安息，并给生者以护佑和精神上的宽慰。

3. 酬神演戏

酬神演戏是人类祭祀文化的一个表现，在不同的时期、不同的地区以及不同的民族，酬神演戏的具体表现也是不同的。在清代，民间为酬谢神的佑护，常常以歌舞、杂剧、鼓乐等形式举行娱神活动。这种活动称为酬神、赛神、报赛。[①] 其

① 宫宝利：《清代民间酬神演戏与社区文娱活动》，《天津师范大学学报》（社会科学版）1999 年第 2 期。

实，这种祭祀民俗由来已久，从原始社会至历史时代的早期，“鼓乐歌舞”就一直是沟通人神两界的重要手段。唐代白居易已有“黄昏林下路，鼓笛赛神归”的诗句。随着民间崇神、祭神内容的不断扩大及民间崇神的地域色彩的不断增强，宋代以后，酬神活动逐渐成为一种民间娱乐项目，并成为民间信仰活动中不可缺少的一个环节，与寻常百姓的生活联系非常紧密。

浙西南乡村传统村落与我国其他汉民族地区一样，在民间信仰活动中，民间“演戏酬神，城乡皆有，有会戏，有愿戏，三日、一日不等”。会戏，主要是指在某神诞日或确定的庙会时间，由相应的香火会推举“会首”出面组织，民众集资举行，其规模一般较大，通常称为赛会。“每逢神会，必演戏庆祝”，在浙南一带“好为迎神赛会，春时搭台演戏，遍及乡城”。“四月初八，相传‘城隍神诞辰’，各坊拜祝演剧于庙，曰‘太平会’。”愿戏，主要是民间祈求、还愿举行的报赛活动。其中有一家一户的还愿行为，“城中各庙，士民多因事叩许戏文，随许随演”。多数情况则体现在某一地方的春祈秋报活动，“春祈秋报，必醵钱献牲、演戏”①。

在浙西南，民间信仰中的酬神演戏活动是村落中的大事，也是村庙管委会（或称村庙理事会）的大事，多数是由村庙管委会具体组织操办，包括筹集资金、约请戏班、场所布置及其他联络工作。活动需要花钱，是体现农村经济实力之时。经济条件好的村酬神演戏要比经济条件差的村多，而且会尽量请当地比较有名气的戏班，若是随便请一个唱得很“烂”的戏班，则会被村民指责，也会被邻村嘲笑，并被认为是对神明的不敬。

① 宫宝利：《清代民间酬神演戏与社区文娱活动》，《天津师范大学学报》（社会科学版）1999 年第 2 期。

只要稍加留意，我们便可发现，传统村落庙宇中主神的神诞日多数都是在农历六月下旬和七八月间，这时正是夏收后和秋耘之间，村民较为闲暇，而此时天气也开始转凉，正是演戏与看戏的好时间。由此，我们还可以感觉到，其实村庙主神的神诞日集中于夏收以后，似乎并非天然的巧合，而是乡村民众们的智慧性安排，这也说明神灵之物其实是表达民众美好愿景的一种创造物。

在浙西南乡村，规模较大的农村社区村庙都建有戏台，戏台通常就建在神殿前面的大堂内或村庙前的广场上。娱神戏的场面布置得比较独特，在戏台的正前方设有案几，上摆鲜花、烛台与香炉，案几后的一排坐椅上铺大红色的毛毯或大红色的绸缎，这是神明的座位，村民们只能从第二排坐起。这种格局，让人一看就知道这里要演娱神戏。村庙酬神演戏是一种传统，演出场次往往不止一场，多数是三场，也有的多达十二场。村庙酬神演戏的内容大都是宣传因果报应、扬善去恶的宗教戏、爱情戏以及王侯将相戏等。尽管戏剧内容多是老剧目、旧题材，但村民很爱看。①

从观众的构成情况来看，看戏的观众以老年人为主，男女性别比例基本相当；其次是中青年妇女；再次是一些看热闹的儿童，他们大都是由其母亲带入场地的，而中青年男士较少。村庙在演戏之前也张贴海报，

① 甘满堂：《村庙与社区公共生活》，社会科学文献出版社2007年版。

欢迎包括周边村庄在内的广大民众前去观看。村民看戏一律是免费入场，不存在要买门票的说法，不仅如此，庙内还提供免费茶水招待看客。作为村庙管理者来说，总是希望观众越多越好，人越多表示他们很有面子，社会交往面广，村庙活动吸引力强。从社会公共生活角度来看，村庙内的戏剧演出是群众集资举办的社会公益活动。[1]

从程序上来看，通常在开戏之前，人们会营造起一种区别于其他娱乐文化活动的氛围，比如一个红烛高照、香烟缭绕的特殊场景等，让人置身于一种宗教活动的特殊环境中；然后，村庙管理者或村庙理事会负责人要代表全体村民给村庙主神及侍神敬香，其意在于表达对神明的敬重，恭请神明到戏台前落座看戏。一般情况下，在正戏开演之前，戏班子都会演“八仙祝寿”、“跳加冠”、“打财神”等三个短戏，以恭祝广大村民健康长寿、升官发财，也算是给台前的诸神及看戏的村民致敬问候。演完三出短戏，便开始报幕进入正戏。

4. **游神巡境**

游神巡境是浙闽一带村庙信仰中最重要的集体性仪式活动之一，其过程是将村庙中的主神及其侍神等抬出来，辅以各种仪仗及娱乐队伍，巡游村庙所在的社区全境。游神巡境也称“迎神赛会”、“游神”、“游春”等，它是村庙信仰活动中参与人数最多、仪式规模最大、最为热闹与隆重的集体性活动，可以说是传统社区的“狂欢节”。浙西南村庙信仰活动中的游神巡境源自中国传统民间社会借娱神行乐的庙会，集宗教信仰、民俗与娱乐活动于一身，但同时

① 甘满堂：《村庙与社区公共生活》，社会科学文献出版社 2007 年版。

也是颇受社会争议的一项活动。[①]

迎神赛会通常也要由村庙管委会或理事会出面举办，时间多选择在春季或秋季，取“春祈秋报”之意。春季游神主要是增加春节的喜庆气氛，祈祷本年度风调雨顺，万事兴旺；而秋季游神，通常是在村庙主神诞辰之日进行，意在庆贺丰收，感谢神明庇护。目前，村庙游神巡境活动在农村地区基本上成普及之势。有的迁移外乡的村民专程回来请神出游，有的村庙受外乡之邀出现了跨乡镇与地区的游神巡境活动。

在浙西南许多乡村，游神巡境活动已形成传统。游神时间在农历正月的最多，其次是神诞日，神诞日多在农历二月、三月或七月、八月，总是在农闲时间举行，而且日期基本上是固定的。定好的游神巡境日期是不能改动的，即使那天刮风下雨也得出游。游神巡境规模取决于村庙所在社区的大小，社区越大，游神巡境规模也就越大。

村庙主神出游，从仪式上看，类似封建时代帝王或高级官员出巡，重仪式，讲排场。规模较大的游神巡境要有足够的财力和人力支持。游神巡境活动基本上就是一次信众和村民的大动员，村民们不仅要出钱，而且还要出力。通常，一个游神队伍要由锣鼓队、仪

① 《福州大街上的花车游神》，http：//blog. sina. com. cn/s/blog_ 56dbd4bd0100c7wp. html，2009 年 2 月 15 日。

仗队、侍神队、娱乐队等组成，另外还有指挥、放炮、治安等人员，其中以娱乐队最为庞大，由鼓乐、歌舞、舞狮、舞龙及其他具有鲜明地域传统特色的表演队组成。这些队伍中，有些表演队和演员由外乡人组成，多数是需要花钱雇请，其他队伍的人员都由本村村民承担，不支付报酬。“没有任何报酬，但村民都踊跃参加，人们争着要给神抬轿子、打灯笼等。”因为，在广大乡村信众看来，“能给神灵抬轿子、打灯笼是一种福气，可以保平安、保健康……因而，大家争着要承担其中的任务”①。

“倘若宗教没有给思想与活动的自由结合留有余地，没有给玩耍、艺术以及所有能够使精神得到放松的娱乐留有余地，宗教也就不能成其为宗教了。因为在极其乏味的日常生活中，精神已经憔悴不堪了，所以宗

① 笔者调查访谈时村民们如是说。

教才产生并成为必需。”① 村庙神诞庆典中的酬神演戏与游神巡境活动并列为村庙信仰的两项重大活动，也是宗教娱乐性的重要体现。游神巡境和酬神演戏既是敬神，也是“娱人”，宗教性与娱乐性并重，体现出了村庙信仰的世俗性特征。在游神巡境和酬神演戏活动中，广大乡村民众的参与性体现在作为一名热心的观众与积极的戏资捐助者上。演戏对于村庙信众来说是一种传统的自愿行动，也是乡村社区自办娱乐的重要形式，无疑能给乡村平淡的田园生活增添色彩。

知识链接

浙西南代表性庙会选摘②

[太平庙会]

太平庙会距今已经有近800年的历史，解放初曾中断。近几年来，看到有着近800年历史的庙会中断，当地村民积极投入抢救工作。1996年5月，退休教师樊寿康在当地村民周启

① ［法］爱弥尔·涂尔干著，渠东、汲喆译：《宗教生活的基本形式》，上海人民出版社1999年版，第502～503页。

② 潘力峰：《丽水民俗活动大观》，中国文史出版社2010年版。也可参见笔者所著《乡村传统庙会的现代性重塑》（《广西社会科学》2013年第3期）和《传统民间仪式与新农村建设的互融共生》（《北方民族大学学报》2013年第1期）等文。相关图片来源于丽水政府网。谨向作者致谢。

华家中看到了珍藏几百年的古书《惠应庙志》，于是带领当地老人团队，开始搜集太平民俗资料文物，挖掘太平庙会这个非遗项目。2006年11月和2007年1月，太平庙会先后被莲都区、丽水市政府列入莲都区和丽水市首批“非物质文化遗产”代表作名录，并申报晋升省级“非物质文化遗产”。2009年11月2日上午8点30分，太平乡举行了“太平庙会祭祖·祖宗出巡·归殿演戏”的仪式，并庆贺太平庙会已举行785周年，恢复了60年前的“金端公和十相公出殿过街游行归殿演戏”的大典；各方的乡亲、来宾及台湾同乡会的同胞前来参加了太平庙会。庙会游行队伍由旗帜仪仗队、乐队、剧团、八仙演员、十位相公以及一支舞龙队组成。游行队伍每到一个村都会举行一场祭祀活动，希望能够为每个村带来风调雨顺、安定和谐。

[石练七月会]

浙南遂昌县石练乡，离县城五十华里，地处山中盆地，方圆十里，良田千顷，共有二十多个小村庄，人们将毗连的小村合在一起，建为“坦”(片村)，这就是远近闻名的“石练十六坦”(即黄皮、苏村、上仓坛、中央街、洞门下、沙墩儿、安下、姚埠、黄墩、横岗、项岭头、定村、方村、大路街、官堰头、淤头十六个片村)。据《遂昌县志》载：“世传五代时，蔡氏兄弟二十四人，避地居此，殁而为神，至今血食一方。”从此，立玄沙庙（蔡王殿）以祀。明万历间兴庙会，名曰“秋赛会”，因时值阴历七月，故呼“石练七月会”。

“七月会”自清康熙以来规模渐大，远近闻名，按照惯例：日迎一坦，挨次巡遍十六坦（每坦相距最多五华里），合会期十六日，上午观赏旗类、台阁、仪仗、马类、十番……列队有序，徐步绕村迎傩，称“旋旗”，下午、晚上在“蔡相行宫”（祭亭）演戏，日夜各一场，每场演出除闹台场、叠八仙、跳魁星、加官财神外，还要演三个“插剧”（折子戏）、一个正本（大本戏），人们从早到晚都有戏看，整个会期日日如此，内容日日更新，好热闹者从头到尾日日赶会。

七月会名为迎神庙，实是人们在夏耘之后、秋收之前农闲时节的一场大规模的民间文化娱乐活动，是商贾云集、买卖所需的乡村物资信息交易会，也是家家户户亲戚朋友的团聚会。

十六坦中挨次轮任值首（迎会理事人），凡十二年轮值一次，如“辰”年是石练街值首，称“迎佛大年”；“丑”年是淤头值首，称“小大年”，其余散坦称“××值年当头”，每逢大年、小大年花样特别多，邀请的戏班特别好，赶会的人又多，格外热闹。

为筹备七月会，值年当头坦全村男女老少一律斋戒半月，待佛爷出殿为止；“蔡相行宫”戏台务必加油刷新；修桥铺路，沿途凡有阻碍通行的树木、凉棚等均须移栽或拆除；安置外商店面营业，行贾张贴红纸条借位设摊；全家大小各备新衣一套，即使贫贱之户亦得备办；准备会期吃食，如双荤（猪、鸡或鹅肉），四干（鱼干、腐干、笋干、粉干），粮食短缺户还得外出借新谷；邀朋约友，呼亲招戚，届时来家观会。俗话说：“家家养起鸡鹅鸭，到时好好待客人；人人做套新衣裳，七月会出客添风光。”

演戏习俗。七月炎夏，外地一般演出甚少，但石练乡却是盛会之期，大多数班社乐意受聘，有的主动上门求演。自古以来，金华、衢州、丽水、温州一带的有名班社，大多赶来过庙会，尤以昆曲班居多。

轮到值首的坦要负责邀请剧团演戏，俗称“写戏”。每年春节一过，就要推派戏曲行家到金华、衢州、丽水、温州等地看戏择班，预约应聘。坦与坦之间，年年各显其能，以请到好戏班为荣。喜逢盛世，名班众多又互不相让，争做会戏，头首难以决夺之际，由值首者通知各坦头目定期在玄沙庙合众酌议，或佛前撮阄裁夺。

巡游队列。七月会，蔡相大帝出巡一日一坦，上下坦之间，迎神巡游队伍浩浩荡荡，人山人海，仪仗队伍礼炮震天，旗幡蔽日，笙歌缭绕，鼓乐喧闹，围观的人前呼后拥，手舞足蹈，流连忘返。

仪仗队领头一位响铳手，间隔着鸣铳开道。后侧两个金鼓旗手，腿披虎斑裙，头扎粽角巾，肩扛连着枝叶的竹竿，竹梢插着小旗，杆头悬挂着铜锣，有节奏地敲着“铿——锵，齐——锵”声，接着是一面缎绣青龙的大方旗，约一丈见方，迎风飘展。其后两面二丈高、二尺宽的大蜈蚣旗，中间约一尺宽扁体黑字“敕封二十四位蔡相大帝”，白底黑字格外醒目。

[卢福神庙会]

卢福神庙（又称扁鹊神庙），始建于元至正年间（公元 1341—

1368年），清康熙十一年（公元1672年）重建，清乾隆六十年（公元1795年）重修。庙内用樘木雕制的“卢福神像”与真人差不多大小，手脚能伸缩。清嘉庆九年（公元1804年）铸造铜钟，1993年经批准对外开放，属省级重点文物保护单位。

每年立秋前或后属卯日举行庙会（迎神），由唢呐队、锣鼓队、神像、花车、花灯、万人伞、彩旗队、游行队等抬出卢福神木像绕村游行：开庙日摆好香案，祭坊右事先请来的喧生（道士）宣布庙会开会，做红照请上界神佛保佑全村平安，风调雨顺，让善男信女祈祷求福、消灾（如退水吓、过红砖、叠三界等）；请中界神佛坐殿，点香烛，摆供品，供品包括上界神佛有一个猪头、鸡、鸭、十样菜、十杯酒、十碗饭；请下界鬼神只可吃供桌上的供品，坐着观看，不可造次、多事。第二天抬出神佛游绕全村，送福于全村各户。迎神队伍每到一处，沿街的村民都会摆上水果、茶点，鸣放鞭炮，点香拜祭，接福纳财。

卢福神返回庙时要进行抢庙，进庙前要击鼓鸣钟迎接，并且要由两位村民先敲着大锣跪着进出3遍，然后卢福神才被抬进庙内，在天井迅速掉头，被众人拥着向后退着进大

堂，拉上布帘遮挡换衫，换回观看，戴回官帽，坐入殿中。第三天，喧生进行宣读奏章，送回上界佛，赶走下界鬼神，交代他们只能为民造福，不可伤害百姓，处理供品，并发给善男信女一条红布和一些迎神馒头，最后待庙内神佛安座后，关庙门三天。

[缙云张山寨七七会]

在缙云县城东南16公里，胡源乡招序村北、岩门之南间有座古庙，俗称“献山庙”。每逢农历七月初七，这里人山人海，香烟缭绕，爆竹阵阵，鼓乐喧天，龙狮翻腾，歌舞升平，这就是闻名遐迩的“张山寨七七会”。

张山寨献山庙初建于明洪武年间。山寨四周奇岩偎倚，苍松郁深，环境清幽。庙内供奉着陈十四等六位天仙娘娘。陈十四娘娘是浙南、福建一带民间广为信奉、颇有影响的地方神，传说其祖籍在福建，父为陈上元，娘娘名为陈十四，又名陈靖姑。少时上闾山学法，广结姐妹英豪，除妖保民，屈死成神。相传明洪武七年（公元1374年），陈十四追杀蛇妖路过现胡源乡一带时，救下该乡东山村民张希顺的六岁幼子，张希顺感恩戴德，献出张山寨一块山地塑陈十四金身建庙，

称“张山寨献山庙”。

张山寨七七会始于明万历二年（公元1574年）。传说农历七月初七，是陈十四诞日，为纪念这位除妖保民的救星，定农历七月七日为大庙会大会期。之后每年从七月初五开始，至七月初七，当地百姓及来自杭州、温州、丽水、永康、磐安、仙居、永嘉及福建、江西、台湾等地的群众聚集在这里祭祀朝拜陈十四娘娘。由本县胡源乡、溶江乡、双溪口乡、舒洪镇、东方镇、东渡镇等乡镇的二三十个村组成庞大的“迎案”队伍，组织有肃静、回避牌，罗伞，掌扇，旌旗，刀枪斧钺的全副仪仗队，杠抬陈十四娘娘銮轿，在鼓乐仪仗簇拥下，分别从四条路上献山庙。一时间，满山遍野旌旗蔽空、刀枪林立；民间载歌载舞、鼓乐震天。献山庙前空地上表演的节目有叠罗汉、扭秧歌、三十六行、十八狐狸、铜钱棍、纸扇班、大莲欢等。杂技形式的有大牌坊、小牌坊、过仙桥、七丁珠、叠水井、开荷花、观音扫殿、老鸦扇翼等。有梅花阵、大盘龙、天门阵等十几种阵法。演出时节目富有浓郁的地方特色，演出时间长达5个小时之久，参与人数多达4万。

“张山寨七七会”历史悠久，规模宏大，内容丰富，各种文化相互交融，地方特色鲜明。庙会活动涵盖信仰、民俗、文化艺术等领域，且一脉相承，世代相传，不仅继承和丰富了民间优秀传统文化，且对弘扬民族精神和增强社会凝聚力产生一定的推动作用。

四、禁忌习俗

禁忌，即禁止或抑制的意思。民间禁忌源远流长，经长期积淀形成民间普遍的文化现象，规范人们的思想道德和行为，成为民间信仰习俗中的重要组成部分。在我国每个地区、每个民族基于特定的生活环境和经济因素等，在传承古老传统地域文化的过程中逐步形成了一系列与当地民众生产方式相适应的禁忌习俗，并不断受到民族宗教和社会发展的影响而延续发展。浙西南地区在长期的历史发展中，融合了各地各民族的优秀文化，也接受其他地区的民族习俗，形成了自己独特的禁忌习俗。

1. 穿衣方面的禁忌

服饰是民俗文化的重要组成部分，是一个民族或地域民众共同文化心理的集中体现。一个民族或一个地区的服饰变化，是与其民俗文化的演进紧密联系的。服饰还是一个人的仪表中非常重要的一个组成部分，其功能主要有三：一是实用功能，二是表示地位和身份，三是审美功能。所有这些功能都集中体现了一个人所生存的自然环境、社会特征、民族文化个性以及宗教与信仰习俗。浙西南地区民众在着装方面既有汉民族和江南地区的历史传承，也有其基于自身地域特征的古老传统和革新创造。浙西南民众在着装方面也有诸多禁忌性习俗，主要有：

（1）忌反着穿衣服。在浙西南，反穿衣服被视为穿孝服，表示家中服丧事。忌讳把帽子戴歪，俗话说“歪戴帽，狗材料”。忌讳不系衣服扣子，或系错扣子。忌讳穿戴不整齐去参加祭祀活动。另外，从衣着的颜色看，忌白色、黑色、绿色、青色，这些颜色也被一些长者看作是孝色，认为穿此类颜色衣饰不吉利。比如，在平常的场合，忌穿白衣、戴白帽，因为容易使人联想起凶祸丧葬等不祥的事情；而在婚嫁、生育、过年等喜庆的日子里，更加忌讳穿纯白的衣裳，认为是大不吉利；[①] 做寿衣时，一般禁忌用黑色，因为容易使人联想起恐惧、不幸的事情；而在婚嫁、生育、过年等喜庆的日子里，更加忌讳穿纯黑的衣裳；红色一般是喜庆的颜色，但在特殊场合容易引起流血、伤害等联想，因此丧葬期间忌穿红色衣裳，恐冲犯了鬼魅、神灵。[②] 还有，农村小孩子平常玩耍时忌讳在腰上系草麻之类的绳子，这样会被长辈训斥，因在腰上系草麻之类有披麻戴孝之嫌。

（2）忌把晾好的衣物直接穿在身上。过去，浙西南一带的老百姓晾晒衣服通常是用竹竿穿过两袖张开晾晒，远远看上去就像一个人被穿在竹竿上一样。老百姓认为，如果把晾晒好的衣服取下来未经折叠置放一段时间后就直接穿在自己身上，就会受到竹竿的灵魂侵扰而变成一个“竹竿鬼”，而先收衣叠妥并置放后再取来抖开穿上，便有化解之意，这种趋避“竹竿鬼”的简易做法日后在民间渐成习俗。

（3）忌穿着衣服缝补。浙西南与福建一带接壤，在民众生活习俗上也有诸多相似。过去，老百姓日常缝补衣服时，都特别注意要脱衣缝补，忌讳身穿衣服缝补。当然，这既是方便缝补之需，如便于穿针引线、不会失手针戳人身等，也“可能还有忌巫事中针刺木偶人以加害之术”。在浙西南乡村，还有不少老人日常会做缝补之事，对此禁忌习俗至今笃信不疑。

（4）忌讳从衣物上跨过或踩踏、弄坏衣物。忌讳夜间将衣物晾在室外，尤其是孩童的衣物，恐沾染上鬼祟邪气；小孩的衣物还忌

① 现尚红忌白的禁忌已经淡化，遇喜庆或节日，青年人穿戴的颜色已无讲究。

② 《服饰礼仪和禁忌》，http：//www. hlcs. cc/Html/31221. html，2012 年 6 月 29 日。

搭在高处，俗称“举头三尺有神明”，恐伤害到小孩。忌讳别人从自己放在地上或掉在地上的帽子上跨过，民间旧俗认为这相当于被人从自己的头顶上跨过，等同于自己受了胯下之辱。还有，忌讳从晾着的女人衣裤下走过，俗称“衰小”，特别是男孩子若从女裤下走过，乡俗认为这样会日后长不高，事业不发达等等。[①]

2. **饮食方面的禁忌**

俗话说“民以食为天”，说的是吃饭的重要性，把吃看得与天一样。国人重视礼仪，吃饭更不例外。《礼记·礼运》中说：“夫礼之初，始诸饮食。”“三礼”中几乎没有一页不曾提到祭祀中的酒和食物。坐席的方向、箸匙的排列、上菜的次序……都很有讲究，体现着“礼”。这种“礼”的传承，慢慢地就演化成了一些关于吃饭的习俗禁忌。在浙西南民间至今还保留着诸多饮食方面的禁忌，主要有：

（1）忌吃饭时剩饭或将饭粒撒落到地上。

浙西南民间有“小孩剩碗底，长大娶麻妻”、“吃不光，好生疮”等说法，并认为“作践谷物，会被雷打”。所以大人从小就教育孩子不能剩饭和浪费粮食，吃多少盛多少，如果小孩剩饭了大人要帮忙吃掉；大人剩饭的话，会被人们认为家教不好，从小没有好好教育。

（2）忌用筷子敲击锅、盆、碗、碟，忌用有裂缝的碗碟、茶具。

在浙西南民间有长者认为，“乞丐才敲着空碗，挨家挨户乞讨”。因此，家长们从小就会教育孩子，在吃饭前或吃饭的过程中，

① 《服饰礼仪和禁忌》，http：//www. hlcs. cc/Html/31221. html，2012 年 6 月 29 日。

切不可以筷敲碗，否则会被长辈严加呵斥。大人当然就更不能这样了。还有，给客人盛饭菜或沏茶时忌单手给长辈端送东西；忌用左手舀饭、添菜、夹菜，忌口叼香烟端饭菜、添茶水；忌在客人面前走路；忌和客人谈话时打喷嚏、打呵欠；忌在客人、亲戚面前打骂孩子。

（3）忌把筷子插在米饭上。

因为，在浙西南民间祭祀亡灵时人们会把筷子直接竖插在饭中，所以吃饭时将筷子插在米饭上会被视为不吉利。在使用筷子时，忌讳一双筷子长短不齐；忌用筷子剔牙齿；忌别人夹菜时，伸过去夹另一盘菜或夹菜时用筷子在菜盘里挑三拣四，忌挑食或大口贪吃；同桌就餐，不能迫不及待地抢吃、抢喝，坐在上席的长辈不动筷子，下席忌先动筷子。

（4）忌吃饭时候分心。

在长者们看来，“吃饭是一件非常严肃的正事”，因而有“食不语”之说，忌讳吃饭时分心，比如说边吃饭边看电视、看书、聊天，边照镜子边吃饭，边吃饭边干活，边吃饭边玩耍等，这些行为被认为是对食物的不敬。当然，吃饭时也不能说不吉利的言语以及有关伤、亡、病、灾、祸等凶事。

（5）忌饭后躺卧不动。

“饭后百步走，能活九十九”，浙西南民众对此也深信并坚持。一旦孩子饭后躺卧不动通常会遭到长者的数落。家长教育孩子时都会说，吃完饭后，最好是活动活动，并说“饭后不动，定要生病”。

3. 居住方面的禁忌

浙西南山区九山半水半分田，浙西南民众日常生活依赖于农业生产。而农耕对气候条件和自然环境有着强烈的依赖，因为要“靠天吃饭”，渐渐地人们便赋予自然高度的精神象征意义，认为自然环境的优劣会直接导致人命运的吉凶祸福。因此，居住场所的选择

也成为人们日常生活中非常重要的问题，并形成了许多禁忌性习俗。

（1）在地基选择上的禁忌。

人们普遍认为，在居舍建筑上，选择好的地基是十分重要的。浙西南民间忌讳在太岁值日之年①所处的方向动土修建；建房忌正对着大路、河道、桥梁；忌在塔边、寺庙边、厕所旁建房；大门宜取东南、东、南三个方位，不宜正对着别人家的墙角、兽头、排水口；大门和主屋门不能正对，谓之“大口吃小口”；门前后不宜种桑、柳、杨三种树，俗话说，前不栽桑，后不栽柳，门前不栽“鬼拍手”。因为“桑”与“伤”、“丧”同音，后门栽柳意思是“后门留人”，“鬼拍手”为杨树，以前为坟墓上的树。

（2）在相邻建筑位置及向度上的禁忌。

浙西南民间在建筑居舍时，除讲求自然地形之吉，也十分重视相邻建筑位置及向度上的相互关系。忌背合，即忌与众人的屋向相反。风水称与众向相反的建筑为“众抵煞”，有“烦恼皆因强出头”的说法。对于屋前空地，不宜两边低而自己独高。其实，所有这些也正好是浙西南山区老百姓自然淳朴、生态和谐的生活观念的反映。

① 所谓太岁，是古人对值日之年地支的一种称谓，即每年当年所值日的星神，实际是强调一种五行旺气。

(3) 屋内建灶方面的禁忌。

在浙西南乡村，老百姓十分看中建灶这件事。建灶时，忌讳灶朝东、西、南三向。灶门朝东西，则有“烧东西”之嫌，是一大忌讳；朝南也不妥，只有朝北方好。浙西南民间一直流传着“向南烧，燎太阳；向北烧，无祸残”和“扭南烧北，金银大堆”这样一些关于建灶的俗语。其实，这些都是老百姓日常的生活经验积累，朝北立灶，是按照风势的特点确定的，并非虚妄。

居住禁忌除了上述的以外，还包括许多内容。譬如对于迁居就颇为忌讳。民间有“人搬穷，火搬熄”、“人搬三道空，火搬三道熄”之说。这是由农耕文化的特点决定的，农耕民族主张“安居乐业”，迁徙是家业衰败的表现。万一不得不迁，又忌正月、九月迁屋，认为凶月迁屋不吉。迁居时，认为“搬家先搬灶”，灶王爷与家谱要先迁移到新居处，其后才能搬别的东西。还有，乔迁新居忌讳别人“送钟”，因“送钟”与“送终”同音，若以时钟作贺礼，要说成“送计时器”。

4. 出行方面的禁忌

出门远行，也是人们日常生活中常遇到的。旧时交通不便，在

外困难诸多，最怕碰上不测的灾祸，因此，民间一直有慎出行的习惯。

比如，“黑道日”忌出门。在浙西南乡村，老百姓出门办事、探亲、旅游、做生意或求学等，一般都要选个“吉日”。民间有“七不出门，八不回家”[①]之说；有“初五、十四、二十三，太上老君不出庵”一说；有“三、六、九，不问走”之说；也有逢“杨公忌日”[②]不出门之说；还忌农历初五、十五、二十五出远门，认为此三天为“凶日”。

又如，浙西南山区，过去山路多、行走难，于是又形成了许多基于安全出行考虑的禁忌习俗。至今，还有不少乡村民众坚守“在山路上行走时，若有人叫自己的名字，不能答应，也不能回头看”这一禁忌习俗。因为，浙西南传统习俗以为，人名为人体的一部分，“在山路上行走时有人叫自己的名字”，这可能是有鬼魅在试探，如果不留神答应了，灵魂便可能会被鬼魅所逮，人也将遭遇不测。还有，行路时，忌讳遇上殡葬的，意为不吉利；若无法避免遇上了，则应将衣帽脱下，扑打数次，以之破解，这样做被称为“散晦气”。

---

① 指逢“七”的日子不出门远行，逢“八”的日子不可到家。

② “杨公忌日”又称为“杨公十三忌”，世传为唐代风水宗师杨筠松所订定。这十三个“忌日”分别是正月十三日、二月十一日、三月初九、四月初七、五月初五、六月初三、七月初一、七月廿九日、八月廿七日、九月廿五日、十月廿三日、十一月廿一日、十二月十九日。“杨公十三忌”自古以来即受到玄空家的重视，在玄空家的眼里，这十三个日子绝不能被选来开张、动工、嫁娶、签订合同等。

通过考察上述关于浙西南老百姓衣食住行诸方面日常生活中的禁忌事象，我们不难看到，所有的禁忌事象无一不与普通大众的生产、生活紧密相连，体现出了强烈的生活属性和独特的生态自然意识，或者说禁忌习俗本身就是老百姓生活的一种惯制形式，是民俗化的生活准则，是普通民众祈吉祛凶、追求自然和谐心态的行为外化。

五、畲族信仰习俗[1]

畲族是我国人口较少的民族之一，散居在我国福建、浙江、江西、广东、安徽省境内，其中90%以上的人居住在福建、浙江广大山区。全国唯一的畲族自治县——景宁，就位于浙西南山区。景宁畲族源于唐永泰二年（公元766年），从闽迁居浙西南时落户景宁，距今已有1 200多年历史，景宁又被人们称为“中国畲乡”。“畲”意为耕种田地、刀耕火种，概括起来说，就是用农田山地中所焚烧的草木灰做肥料耕种土地，后来人们把这种具有个性化的劳作形式和生活方式归结为“垦田而居”，称这个农耕群体为“畲族”。[2] 光绪时期《龙泉县志》有记载：“民以畲名，其善田者也。”这也表明畲族是一个以农业为主业的住于山间的群体。畲

① 部分图片来源于《畲族祭祖仪式》，华夏经纬网，http：//www. huaxia. com/mlfz/zjfz/fsmq/2011/01/2275026. html，2011年1月27日。谨向作者致谢。

② 蓝秀平：《畲族传统与风情文化》，线装书局2009年版，第2页。

族的源头是什么以及他们的远祖是否处于原始社会，是否经历过奴隶社会，何时进入封建社会等，目前还缺乏足够的材料加以认识和研究，众说纷纭，莫衷一是，很难得出有效的结论。[①] 畲族使用畲语（又称“山哈话”），无本民族文字，通用汉字。盘瓠传说和迁徙传说是其最具民族鼓舞精神和感召力的文化纽带，也是反映畲族信仰体系、价值观念及畲民族智慧和精神意志的文化内核。畲族信仰习俗主要是祖先崇拜和图腾崇拜，畲族至今仍有拜龙、凤、麒麟、太阳的遗风。如敬龙，“分龙节”忌挑粪、洗衣服，忌打杀进入家中的蛇，认为“蛇进家”是“祖宗回家来探望子孙”，此乃典出王延寿《鲁灵光殿赋》“伏羲鳞身，女娲蛇躯”。东夷太昊伏羲氏“蛇首人身”（一说龙身），《帝王世纪》中也有记载。[②]

① 蓝秀平：《畲族传统与风情文化》，线装书局2009年版，第2页。

② 《畲族文学语言与畲民族的源密切关系》，中国网，http：//www. china. com. cn/aboutchina/zhuanti/xz/2009 -07/28/content_ 18219356. htm。

畲族民间信仰富有民族特色。盘瓠传说①作为神话反映了这个民族的原始图腾力量，它在畲族世代相承，广为流传。盘瓠传说的具体描述在闽浙粤赣皖各地因自然环境和地域文化的差异而略有不同，但基本情节都是一致的。畲族称“盘瓠”作“忠勇王”，在闽东浙南一带有畲族民众将他称为“龙麒”、“盘护”和“高皇”等，皖南畲民还称之作“龙猛”，也有粤东畲民称之为“护王”、“盘大护”或“盘古大王”等。盘瓠传说载于后人整理的畲族家谱和畲族颂诗《高皇歌》中，“盘瓠”的原型构成有龙犬、鱼龙、龙与麒麟等诸多说法。这是畲族原始图腾崇拜观念的形象化表现形式。“盘瓠传说作为这个民族的原始图腾力量，从根本上支持着他们的家庭生命，它并不是纯粹普通的传说故事，不是一个人或者一时的凭空想象和编造，而是族民在一定的社会历史进程中的精神产物，是这个民族成员经历积累后的集体智慧的寄存……是整个民族精神产物中最原始、最根本、最核心的氏族崇拜。”② 盘瓠传说的实物材料主要是珍藏于畲族祠堂的祖图和祖杖。“祖图”又称“太公图”、“永远图记”、“长联”，多以麻布、土布为底，平图勾勒，浓墨重彩，以条状横幅长卷居多，也有直幅多屏组合而成，画面配有文字说明，图文并举，以盘瓠传说为依托，展示畲族的历史发展、社会生产、文化习俗等。祖杖又称“龙首杖”或“法杖”，是畲族显示远祖权威的象征物。盘瓠传说借族民的口耳相传而家喻户晓、

① 在畲族广泛流传含有与苗、瑶相类的南蛮意识的盘瓠传说。据传，远古高辛帝时，“帝有畜狗，其毛五彩，名曰盘瓠”，因戎吴将军作乱，高辛帝答应谁能斩下吴将军之首级，即封邑赏金，把公主嫁给他，盘瓠主动请缨，英勇杀敌，“帝不得已，乃以女配盘瓠”。参见《后汉书·南蛮传》。也有学者撰文指出，盘瓠是春秋时代一位历史人物，在公元前744年的楚与卢戎战争中，盘瓠杀敌有功。认为盘瓠受封以及与公主结婚，是对历史的真实记载。

② 蓝秀平：《畲族传统与风情文化》，线装书局2009年版。

老少皆知，并融入世世代代族民的日常生活之中。人们以服饰、风俗、宗教等为载体，通过绘画连环画卷、编唱诗歌等方式绘声绘色地描述、歌颂盘瓠王出生、成长、生活和非凡的经历及其机智、勇敢杀敌的英雄形象，通过高悬祖图、亮出祖杖和以舞蹈、祭祀等方式，表达族民对盘瓠王忠勇精神和繁衍子孙丰功伟绩的无比景仰和崇拜。

盘瓠传说和祖先崇拜是畲族最原始、最基本的民族宗教的神灵，并以此为核心，逐步形成了畲族民间信仰和世俗神灵崇拜的体系，主要由六个方面构成：

一是传说中的历史人物。族内英雄神圣化是民间信仰的一个重要特征，也成为其重要的构成。被族人神圣化的英雄人物主要是指在历史上确有其人，曾有过非凡业绩，因其高尚的言行或超凡的力量为族人所崇拜，生前受族民拥戴，死后被奉为神灵，立庙祭祀，为当地族内人所共同敬拜，或成为灵威弥漫一隅的地域性神灵，寄托人们某种心愿，如寻求某种庇护。畲族传说中神圣化了的历史人物除盘瓠王，还有田公元帅、钟景琪、雷尤兴、钟志公、李仙娘等。

二是具有民族生活特色的职业性神灵。在历史上，畲民频繁迁徙、居无定所，又长期散居于高山，垦田辟壤，擅长狩猎，长期的高山生活和狩猎营生自然形成了畲族的猎神崇

拜。于是，至今我们还可在畲民聚居区见到供奉“游山仙子”和“打猎大王”等猎神的庙宇。此外，畲民中还有农神崇拜、菇神崇拜和戏神崇拜等，如农神“田头伯爷”、“开山伯公”，菇神“吴三公”，戏神雷海清等。

三是与当地汉族村民共同信奉的民间俗神。畲汉杂居，畲族受汉宗教文化的影响，供奉灶神、土地神的现象普遍存在。当然，由于地域的差别、亚文化圈的不同，各地汉族地区渗入畲族的民间俗神也不尽相同。浙西南畲民民间俗神信仰中比较有代表性的是马氏天仙、临水夫人、五显大帝等。

四是自然神崇拜。畲民中也有许多与汉民族相似的自然神崇拜现象。然而，畲民的自然神崇拜更多的是与其长期所依赖的“刀耕火种”、“垦田而居”的生活状态密切联系的，如谷神、谷娘、谷仙子、种子仙、稻秧仙、青稻仙、黄稻仙等。此外，自然神多是位于畲民聚居区周边的巨形或奇形的岩石和树木。由于这些物体形象迥异，便敷演出精灵化的传说，并作为神灵供奉。畲族人生儿育女常请这些“石母”、“树神”庇佑，并将自己的子女托付于这些自然神祇，将子女的名字冠以“石”字或“树”字，如“石贵”、“石禄”、“树生”、“树发”等。①

五是道教与佛教神灵，尤以道教神所占比重为大。“畲客也信佛，久旱必舁神互祷，谓之接佛。”② 但畲族人很少独立营建佛寺，如佛教神灵观世音菩萨多供奉于自家楼上大厅的佛座上。畲民膜拜的道教神灵主要有“三清”、“三官大帝”、“福德正神”、“真武

---

① 《畲族文学语言与畲民族的源密切关系》，中国网，http：//www.china.com.cn/aboutchina/zhuanti/xz/2009－07/28/content_ 18219356. htm。

② 素心花：《上杭久泰村——亦畲亦汉的钟姓村落》，畲族网，http：//www.sanhak.cn/travel/2009371643586261. htm。

帝”、“将爷”等。当然，畲民聚居区多没有道观，畲民所供奉之道教神灵也多一并设置在自家神龛上或仅设立“感应灵台”供奉于住宅大厅的中堂壁上，仅作文字标识，并无图像显示。

六是鬼魂幽灵。在畲民中较为流传的厉鬼主要有五通鬼、天吊鬼、伤亡鬼等。其实，畲民对这些鬼魂幽灵的信奉并非出于崇拜，主要还是出于对族群安全和自身安危的考虑，祈求鬼魂幽灵带给他们平安、祥和。

畲族巫师是畲族民间信仰活动的具体操作者。巫师有法门之别，粤东畲族巫师受法于茅山，茅山为道教名山，位于江苏句容县境，茅山上清派是道教重要派别。闽浙畲族主要受法于闾山。闽浙畲巫认为，他们不仅有闾山之术，还兼得茅山之术，即集闾茅之大成。①

长期以来，祭祖一直是畲民聚居地最隆重、最虔诚、最普遍的信仰习俗活动，也因此成为畲族民众最为重要的传统节日之一。逢年过节和每月的初一、十五日，都要焚香点烛敬奉祖先。每年的正月十五日、七月十五日、八月十五日为祭祖三大节，另外还有独特的“三月三”染乌米饭祭祀祖先活动。其祭祖活动可分为家祭、墓祭和祠祭。举行祭祖的时间按有关节日定期举行，或在做醮或修谱

① 蓝炯熹：《关于畲族古籍的几个问题》，山客之家网，http：//www. sanhak. cn/666/dispbbs. asp？boardid =16&Id =6305。

时举行。畲族居住比较分散，加上崇山峻岭阻隔，各村寨的具体祭祀仪式因地而异。一般来看，畲民祭祖的主要程序是：先放“土铳”三响，接着放鞭炮、敲锣鼓，然后众人摆上茶酒、三牲祭献，接着凡本族后裔当年结婚者、生育男婴者、家有老者、做寿者都会送上龙烛一对、香两把，之后众人祭拜。在祭祖时，族长还要口述祖先功绩、始祖由来、本族的世系行第以及家族家规等，同时劝导族人积德崇善。

六、其他信仰习俗

1. 四都祈福

据说，松阳县四都乡境内有史以来就有“祈福”这一习俗。境内 11 个行政村中，佛殿“祈福”的习俗延续至今的有庄河、西坑、陈家铺、榔树、平田、塘后、汤城、午岭 8 个村。“寨头殿祈福”由庄河、西坑、陈家铺三村联合举行，其他各村单独或联合在本村佛庙举行。“寨头殿祈福”一般在每年农历的四月和六月各举行一次，有的村则安排在春夏秋冬各季节里举行。“祈福”意为祈求或祭谢神佛保佑风调雨顺、五谷丰登、社稷平安。

每次“祈福”须择吉日，在半夜 12 点开始。祭祀时在殿内宰杀肥猪，供品有

全猪、全鸡、糖糕、豆腐、点心、水果等。经济条件比较好的村子常常举办马灯、龙灯、狮舞等表演。届时鞭炮齐鸣，焰火放彩，锣鼓乐声响彻夜空，热闹非凡，山村呈现一片欢乐祥和的景象。

2. 大小竹溪摆祭

大竹溪是浙西南松阳县城西屏镇西南郊的一个行政村，小竹溪是距离松阳县十多公里的另一个行政村，大小竹溪每年正月的“摆祭”习俗各具特色、闻名遐迩。

“摆祭”，也叫“拜祭”或“排祭”，每年正月十四日至正月底挑选黄道吉日开祭，一般为期两天。“摆祭”意为摆上祭品祭祀神灵；“拜祭”意为向神灵拜礼祭祀；“排祭”意为全村各户将方桌搬到村中的主要道路上，排成长龙，摆上祭品，进行祭祀，这是松阳县小竹溪村特有的祭祀形式。《松阳县志》称大竹溪“摆祭”，小竹溪“排祭”，从这点来说，小竹溪比大竹溪规模大许多，小竹溪下村多时排起上百桌，头尾相距百余米，而大竹溪长的也只有十几桌。无论摆祭或排祭，当地村民更多的是将之统称为“送灯”，把“徐侯大王”① 从庙殿里请进村，经过一天的供奉，到了晚上，全村人打着灯笼把它“送”回殿中，所以村民叫“送灯”。村民们用这种方式表达对过去一年丰收的喜庆，祈求来年风调雨顺、平安康泰。

3. 炼火

“炼火”又称“下火海”，是民间道教活动的重要组成部分。据传，“炼火”典出唐朝肃宗时期，后经陈靖姑传授于世。“炼火”一度是浙西南一带的民间宗教绝活，千百年来盛行于浙西南龙泉、

---

① “徐侯大王”是浙南一带寺庙供奉的一尊神，相传徐侯降妖除魔、惩恶扬善，曾经为浙南各地做过很多好事，人们为了纪念他，便为他修庙塑像，小竹溪人在离村 2 公里的尧桥五龙山脚下为他修建了一座殿，称“墨口殿”，封“徐侯大王”为护国佑民神。

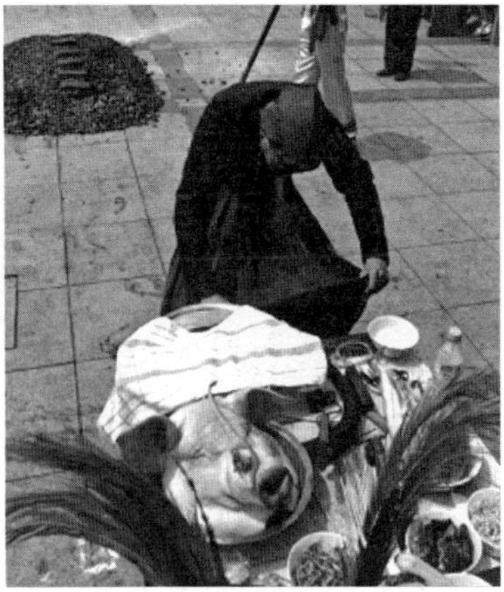

云和等地的民间道教施仪中。其目的有三：一为祈求天下太平，二为祛邪避凶，三为保一方清吉，无灾无难。“炼火”表演有宗教仪式、专门的服装，还有多人辅助，全过程主要包括如下几个环节：一是摆香案，供祭品（包括供品、红烛、信香、五色布、木炭、砖块、大扇、龙角等）。二是法师登坛施仪。施仪过程中口念道词，敕净水配以锣鼓、龙角、鞭炮声。三是法师登坛炼火。待木炭烧至180度以上，砖块烧红，法师带领火兵等做赤脚踩红砖、口衔红砖、赤脚踩火堆、火堆中打滚等高难度动作，令人叹为观止。①

4. **七月半鬼节**

“鬼节”又称中元节或“盂兰盆会”。根据古书记载：“道经以正月十五日为上元，七月十五日为中元，十月十五日为下元。”中元作为三大冥节（即清明、中元、寒衣）之一，主要是为了祭奠亡魂而立。民间多称“鬼节”或七月半。鬼节文化源远流长。古时候，到了晚上，家家户户都要在自己家门口焚香，把香插在地上，越多越好，这象征着五谷丰登，叫做“布田”。有些地方也有放水灯的活动。所谓水灯，就是一块小木板上扎一盏灯，大多数用彩纸做成荷花状，家家户户集中在河边一齐放水灯祈祷，以祭亡魂。这些传统文化历尽铅华，存留下来。每到中元，必有盛况，为亡灵“超度”、为祖先祈福的场景随处可见。②

① 季靓：《延续龙泉文脉弘扬民族文化》，《剑瓷龙泉》（内部资料），2009年6月15日。

② 李涛：《闲话中元节》，《南国早报》2009年9月1日。

“七月半中元节已被列为丽水市第三批民俗类非物质文化遗产。在浙西南莲都区、龙泉市、青田县、松阳县盛行，不过称法略有差异，龙泉称七月半习俗，松阳和青田称七月半放水灯、七月半祭鬼节或中元节等。”在浙西南众多乡村，一直传承着悠久的历史传统。即使低调，仍始终保留着一方神圣之地。浙西南乡村民众曾经热衷于在这一天放水灯，让八百里瓯江传递对故人深切的思念，沉淀对亲友真挚的感情与祝福。同时，各家各户也会举行焚香仪式。此外，人们还会准备丰盛的食物，以庆此节。如今农村生活水平提高了，也就不再如此注重中元饮食了，并且文明祭祀越来越深入人心，放水灯等活动的弊端也渐渐被认同，已很少有大型的集体祭祀活动了。但焚香祭祖在传统家庭中还是保留了下来，尽管规模缩小了，仪式简化了，但尊敬祖先的心意不变。[1]

① 杜森妙：《低调中元　文明祭祀》，中国青田网，http：//qtnews. zjol. com. cn/zhuanti/tankeng/text. asp？id＝134290。

第三编　民间信仰的基本功能与自然生态

任何一种文化现象的产生、存在、发展及其社会认同，都取决于这种文化在民众日常生活中所发挥的作用。民间信仰延续数千年传承不息，就在于这种孕育于百姓生产、生活的古朴的文化事象对于传统乡土社会曾经有着并仍在发挥着不可低估的整合、调节和规范的作用。从民间信仰的产生来看，维持人们与其所处的生态环境之间的平衡，或者说维持一种天人和谐的关系是其存在的主要依据之一。透视这一传统文化事象，其中蕴含着的重要的生态伦理思想，强调了人与自然界应当是相互合作的生态。因而，它在人类与自然界之间起着一定程度的调节作用，不仅能够在人们的社会生活和道德情操的养成等方面体现其存在意义，而且能够在理顺社会秩序、保护生态环境方面起到其他方式、方法和渠道难以替代的作用。

一、民间信仰文化的生态内质

社会学家 B. J. 梅格斯在《亚马逊：一座虚幻天堂中的人与文化》一文中曾指出："人类是一种动物，和其他动物一样，只有与环境维持适应的关系才能生存。虽然，人们是以文化为媒介而达到这种适应，但其过程仍然跟生物适应一样，受到自然选择规律的支配。"① 人类社会发展的历史反复证明，人类如果不遵循自然的法则，必然受到大自然的惩罚。其实，这也是人们对自身长期的生存实践最基本的经验总结。而民间信仰这一古老习俗也就是人们将这些在生存实践中的感悟或经验纳入自己的认知体系中，并创造和延伸出一系列的谋求与自然相适应、与自然和谐共生的朴素的思想观念和行为规制。

1. 人与自然万物是共生同处的自然"血亲"关系，应该和睦相处

人和自然关系的产生同人类自身发展的历史一样久远，同样，人类对自身和自然关系的认识也经历了一个极其漫长的过程。"我们一天天地学会更加正确地理解自然规律，学会认识我们对自然界的惯常行程的干涉所引起的比较近或比较远的影响。"② 在人类社

① 色音：《萨满教与北方少数民族的环保意识》，《黑龙江民族丛刊》1999 年第 2 期。

② 《马克思恩格斯全集》（第 2 卷），人民出版社 1979 年版，第 519 页。

会早期，原始人屈从于自然，人与自然的关系表现为一种原始的统一；随着生产的发展，人对自然的认识逐渐深化，并从自然的压迫和束缚中获得一定程度的解放，表现为一种迂回的统一；科学的发展

加速了人类对自然的认识和改造，增强了人对自身力量的信心，产生了人是自然的主人的观念，出现了人和自然的思辨的辩证统一。①人是自然界的有机组成部分，是自然万物的一分子，人与自然天生具有亲和性而非对立性，人类不能只是单向地开发自然、利用自然和索取自然资源，还要保护自然、按自然规律办事、与自然和谐相处。这些都是广大民众在长期的生产、生活实践中体悟到的原始的、朴素的“天人合一”思想以及人与自然具有的一种天然亲情的生态意识。

源于万物有灵和自然崇拜的传统民间信仰，其基本内核之一便是强调人是天地生成的，人与天地的关系是部分与整体的关系，不是敌对关系，人与万物是共生同处的关系，应该和睦相处，以原始信仰的方式祈求维持人和自身所处的自然环境之间的一种和谐有序。它倡导人与自然的有机联系，并通过祈求、服从或讨好的方式崇拜自然物，以此缓释内心焦虑或表达对自然的感恩，这在客观上对于调节人与自然的关系，有一定的积极作用。

---

① 王丰年：《论人和自然关系的历史演进》，《山西师大学报》（社会科学版）1995年第3期。

浙西南地处山区，山水秀丽，但过去交通不便，信息闭塞，长期以来，老百姓靠山吃山。于是，浙西南民众对周围环境的依赖性很强，衣食住行、生老病死无时无刻不与周边自然环境发生这样或那样的关系。在浙西南先民看来，这片山水自然的确存在着一种超乎于人之外的神秘的、异常的力量，这种力量时刻制约人的活动，警示人的行为，久而久之，他们就对周围的动物、植物、山水等形成强烈的崇拜、敬畏之感。既然人与自然紧密相连，因此人类不能随意去伤害自然，否则将受到自然的无情惩罚。任意毁林开荒、乱砍滥伐森林、捕杀野生动物、污染水源和空气等行为，都是对自然的伤害，一旦伤害了自然，人类必然遭到自然的报复。所以，人类必须约束伤害自然的行为，应主动承担责任，以化解与自然产生的矛盾。这些朴素的关爱自然、与自然和谐共处的观念，贯穿于神话传说、宗教信仰、乡规民约中，成为民众保护环境的共同心理机制和行为准则，客观上保护了当地的自然生态环境。

2. 自觉遵循自然法则，适度合理利用自然资源

物质资料生产是人类存在和发展的出发点，衣食住行是人们最基本的物质需求。人类生活在一定的自然生态环境中，就必须依靠自然资源来求得生存，利用自然来维持生命的延续。自然资源是指源于自然界的、对人类有用的物质和能量，包括土地资源、水资源、太阳能资源、海洋资源、矿产资源和生物资源等。自觉遵循自然法则，因地制宜，充分合理地适度利用自然资源，对于保持生态平衡、促进生态恢复有着积极的意义。传统民间信仰以神灵的名义要求人们关爱自然，将自然看作人类的朋友、亲人（甚至祖先）、保护神，主张合理利用自然资源，以此求得自然的保护，实现人类与自然的和谐相处。这其中蕴含的生态保护思想，通过隐性制约或显性强制的方式体现在民众的信仰民俗文化中，虽然它不系统、未

定型，属于低层次的生态意识，并且在动机上有很强的功利性，但是其在客观上起到了指引和调节人与自然之间

关系的作用，有利于人类与自然的和谐共处，维持生态平衡，促进社会可持续发展。①

在浙西南山区，不少乡村的民众长期以来采用以“技巧性模仿自然系统”为生态特征的生产方式进行农业耕作。这种方式从环境中索取的能量较少，对自然环境的改造有限，有利于自然生态的修复。例如，浙西南青田县方山乡的稻田养鱼，常有多种其他作物间种和套种，这种生产方式形成多种作物组成的群体结构，使种植空间得到了最大程度的利用。同时，多种作物混种，由于它们的抗逆性不同、成熟期不一，即使在灾年也仍然有望“这边损失那边补”而有所收获。广大民众通过这种方式和手段，合理、有效而又最大程度地利用了自然，取之有度，用之得法，又没有破坏整个系统的循环，客观上有利于生态环境的修复和再生。

① 张祝平：《传统民间信仰的生态蕴涵及现代价值转换》，《广西民族研究》2010年第3期。

知识链接

全球重要农业文化遗产——稻鱼共生系统[①]

浙江丽水青田县稻田养鱼距今已有1 200多年历史，最早是农民利用溪水灌溉，溪水中的鱼在稻田里自然生长，经过长期驯化而形成的天然稻鱼共生系统。古《青田县志》中记载，“田鱼，有红、黑、驳数色，土人在稻田及圩池中养之”。田鱼是淡水鱼中的一种，由鲤科鱼类进化而来，有红、黑、花、白、青、粉等颜色，由于自古在稻田中养殖，故俗称“田鱼”。田鱼虽然出自稻田而无泥腥味，肉质细嫩，味道鲜美，鳞片柔软可食，营养丰富，深受人们的喜爱。

2005年4月，青田县“稻鱼共生系统”被联合国粮农组织列入首批四个“全球重要农业文化遗产保护项目”之一，其核心保护地为山水奇秀、被农业部命名为“中国田鱼村”的方山乡龙现村，这也是亚洲唯一一个农业文化遗产保护项目。目前，青田县标准化稻田养鱼面积有3.31万亩，并进一步向“基地化、规模化、标准化、品牌化、市场化”方向发展。

① 浙江在线，http：//zjnews. zjol. com. cn/05zjnews/system/2009/11/05/015997866. shtml，2009年11月5日。

3. 自然万物都有强大的生命力，是人类的保护神和护身符

在传统民间信仰的广大信众的心目中，自然万物都是有灵魂的，是人类的保护神，人类只有爱护自然、尊重自然，它们才会保护村民的人身安全，给人们带来幸福和美好的生活。在民间，人们对森林、树木的崇拜由来已久。树木以其强大的生命力，被广大民众视为生命的保护神和护身符，视为神圣不可侵犯之物而加以崇拜。尤其在一些偏远山区，森林资源是维系老百姓生存的重要物质资源，于是森林和树木与人们的生产、生活之间产生了一种生死相依的紧密联系。在浙西南地区，传统村落多数都有自己的“神山”，人们将葱郁阴森的森林视为神林，通常选择坐落在村落上方的，认为里面住有保护村落人畜安全的村社神祇，凡生产、建房或逢年过节、婚嫁、丧葬等日常活动，都会在里面举行一定的祭祀典礼。神山的树木不能砍伐，林中的野兽不能猎捕都成为村民约定的习俗，在信众看来，得罪家神、山神、树神等，迟早会遭报应，说不定什么时候就会给自己、家庭和村落带来不必要的灾难。这在客观上也保护了村落上方的森林和水土，保护了村落的生态环境。目前，浙西南地区的森林覆盖率还保持在80%以上，有着“浙江绿谷，天然氧吧”的美誉。

从生态文化的视角观照民俗文化，传承于数千年的民间信仰最能体现人类与大自然之间与生俱来、密不可分的精神关联。在浙西南地区，民间信仰所包含的内容是非常广泛的，凡自然界中的事物和现象几乎都可以成为人们崇拜和敬畏的对象。当然，那些与人们生产、生活关系密切的事象，人们自然会倾注更多的崇敬之情。举凡种种所谓关系密切的事象，都与当地民众所依存的自然生态环境有着密切的关联，很容易理解，人们不可能或很少会崇拜在他们生活的周边环境中从未出现过的自然物和自然现象。正是通过在他们日常生活中出现频率最多、与他们联系密切的自然物的崇拜，传承了他们与自然同体、珍爱自然、保护自然、以自然为保护神的朴素生态意识。[①] 这种蕴含于传统信仰习俗中的强烈的生态意识通过在普通民众日常生活中的渗透，对自然生态环境的保护和生态系统的平衡与及时恢复具有积极意义。

二、民间信仰的法约性效力

法是文明的支撑，每一种文明都有它一定的法律方面的公规，村落文明的孕育和发生也不例外。传统乡村社会秩序的建构和维持都需要具有法约性效力的惯制来支撑。民间信仰中蕴含的民间权威文化符号和信息，具有不同于法律的法约力量，其合理适度的流行、应用，往往与遏止人性的劣根性，促进人性的良知，保护生活生产的生态环境，祈求人生福禄寿、美好幸福等生活目的相联系，内含有利于现实民众生活和社会公共秩序的和谐发展的积极因素，在维系社会规范、促进社会稳定、改良国民性等方面，具有政府行政管理无法替代的影响和作用。[②] 民间信仰之所以能够对村落秩序和人们的行为操守进行一定程度的调节和制约，就在于它神圣性与世俗性相融合的特征而产生的非程式化、非规范化却有一定普遍性和恰当性的法约性效力。当然，这种法约性效力也是靠它自身具有的潜移默化和循循善诱的方式来实现的。

1. 巫术功能和山水崇拜意识

巫术是企图借助超自然的神秘力量对某些人、事物施加影响或

① 令昕陇：《民间信仰中的生态意识——人与自然相互沟通的文化要素》，《连云港师范高等专科学校学报》2008 年第 1 期。

② 陈勤建、衣晓龙：《当代民间信仰研究的现状和走向思考》，《西北民族研究》2009 年第 2 期。

给予控制的方术，“降神仪式”和“咒语”构成巫术的主要内容。[1] 在人类社会初期，生产力水平低下，物质资料极其匮乏，在原始先民看来，他们的周围世界充满不可知的力量，其中

一种重要的力量就是巫术。由于原始人类的思维尚处于蒙昧、混沌的状态，他们认为，巫术这种力量无处不在，随时都有可能对生产、生活和自身安全带来威胁和打击。于是，他们认为自然界和自然界以外的某种超现实、超自然力量是互相联系的，而且超自然的事物，也是一种客观存在。他们对这种“超自然”的力量充满敬畏，又企图用自己的行动来影响和利用它，于是产生了巫术。由此可见，巫术的本质是人类在主观能力与客观的自然力对比相当悬殊的情况下，企图以幻想的途径，通过一定言词、动作等去控制、支配那虚幻的神秘的超现实力量，或者说，人类最早是想用巫术去控制神秘的自然界，从而达到借助并利用超现实力量实现自己某种愿望的目的。

在原始先民看来，生活中存在着一个完整而又分裂的二元世界，一切现实的事物与变化均受到神灵力量左右，厉鬼也有着一般人的七情六欲，可以被感动，甚至被威胁，只要方法得当，人便可

① 《古代的巫术指的是什么》，浩学历史网，http：//www.artda.cn/view.php?tid=6414&cid=68，2012年2月17日。

以与神鬼沟通，利用它们超人的力量，来为自己的现实意愿服务。他们还认为神鬼之间存在一定的秩序和矛盾，只要加以利用，就会使之服从人的差遣。神鬼的秩序与矛盾是秘传的，在现世，只有很少人能获知这一秘密。所以，先民希望通过巫师与巫术的帮助，去实现与神灵所控制的各种异己力量的共处和谐，去达到用他们的常规方式所达不到的目的。他们常常怀着一种高度虔诚、敬畏、依赖、祈求的宗教情绪和心理状态去施法。凡一切人力所不及而又希望达到的目的，都要延请巫师或自行巫术以求神灵的帮助。①

在古代中国，与自然相关的巫术到处可见。比如祈雨巫术，它所反映的就是一种中华民族原始信仰中的山水崇拜意识。山水崇拜传达了以农耕方式为主的民族最初的文化形态，这种山水崇拜和生态信仰意识，在一定程度上为维持良好的自然生态和促进山水文化的形成与发展奠定了基础。

知识链接

白马山：浙西南山民祈雨场所②

在浙西南遂昌县境内的白马山是遂昌县之镇山、绍婺之祖龙，属遂昌、丽水名山。这里，名山崇拜的原始信仰现象较多，许多山溪里都有龙井，是古代山民祈雨场所。

据史料记载，白马山自唐末以来一直是遂昌民间信仰文化的圣地，每年干旱，山民都要请法师主持祈雨仪式。祈雨之前先要封山，严禁一切人进入。祈雨法事的程序是：法师率众带着锣鼓、猎

① 《云南少数民族的宗教文化》，百度文库，http：//wenku. baidu. com/view/bd7f8aece009581b6bd9eb3a. html。

② 《白马山森林公园景点介绍》，丽水旅游网，http：//old. gotols. gov. cn/2009/1030/6912. html。

枪，到山上点燃香蜡、柏香，杀一只红公鸡为贡品，法师敲鼓诵经。如不灵，便到山顶上边敲锣、鸣放猎枪，边呼喊："雨来了！"山民祈雨时，先要举行赶"旱魃"巫术，由一人脸上抹上锅烟，反穿羊毛背心，扮成旱魃模样，藏进树林之中。届时，法师高举法杖，率众鸣金击鼓，寻找旱魃。旱魅拼命奔跑，直到捉住为止。有些山民在龙王庙举行祈雨仪式，每家一人，带香蜡、刀头，并杀一只鸡祭祀龙王。法师先唱祈雨歌，然后诵经。祈雨民众齐跪地上，叩拜龙王。拜毕，再将一只狗烧死。据说龙王闻到气味，恶心难忍，只好为民上天请雨。在求雨巫术的整个过程中，一切都是虚拟的，充满着非现实的幻想。

作为原始先民生存实践的产物，巫术在当时发挥着全方位的社会功能作用，包括物质的、精神的、宗教的、科学的、审美的等，不一而足。它充满着先民艰难而漫长的实践历程，体现了先民的生存经验和生存智慧以及与各种灾难斗争的顽强意志。先民所处的险恶境遇使他们在心理上承受了极大的压力，灾难与挫折的频繁侵袭考验着他们的生存勇气。巫术作为原始先民对待和处理人类自身与超现实力量关系的一种原始手法，使先民坚信自身会拥有消灾祈福的力量，这种神秘力量能够在人们的常规经验不起作用之时发挥其超现实的功效，在一定程度上成为支撑先民顽强生存和积极奋斗的精神力量。

2. 社会规约功能和自然生态保护

先民在艰难而漫长的同大自然相处的生存体验中，深刻地认识到了保护大自然、与自然和谐共处的重要性，人们不仅利用宗教的、习俗的手段对大自然加以保护，而且用大量的诸如族规祖训、盟约会款、寨规村约、行业规程、会典祭仪等成文或不成文的誓约条规制定了保护境内生态环境的具体规定。这些民间社会规约被专家们统称为民间习惯法，已成为民族学、民俗学、人类学和法律学的重要研究对象。① 民间社会规约是民间信仰中一个重要组成部分，它不是某个人或某几个人想象的产物，而是民众集体生产、生活实践的产物，并且用此手段来调节人的社会行为，控制社会秩序，维护社会稳定状态。

早在两千多年前，先民就曾定下了“禁伐有时”、“鱼不长尺不得取”、“孕者不得杀”等规矩；约定春夏季节封山、封湖、封滩，禁伐、禁渔、禁牧，以便育林、休渔、育草；约定秋冬季节开山、开湖、开滩，以便开展伐木采集、捕捞渔猎与储草越冬等林、渔、牧业生产活动。② 为保证与农时、林时、渔时、牧时节令和生产活动相匹配，人们还成立了诸如封山会、禁山会、青苗会等许多

① 古开弼：《我国历代保护自然生态环境的民间规约及其文化传承》，《中国生物学史暨农学史学术讨论会论文集》，2003 年。

② 古开弼：《我国历代保护自然生态环境的民间规约及其文化传承》，《中国生物学史暨农学史学术讨论会论文集》，2003 年。

民间群众组织，建立了各具特色的成文或不成文的民间规约。此后，经历漫长的民众实践和衍化，逐渐形成了各种各样的岁时节庆和人生礼俗。不难理解，这些生成于民间社会生产、生活实践的民间社会规约，其中体现出的生态意识必然会渗透到民众日常的生产、生活中，指导民众的生产、生活实践，并可能成为民众意识里根深蒂固的自然环境保护意识和生态道德意识，将在很大程度上影响到当地的“天人关系”和生态环境。还有，如前文所述，大多传统村落的民众把大片的林木说成是神林，认为神林是村落保护神的住所，严禁在树林旁点火、禁止牲口入内和人为砍伐损毁，要定期举行祭林拜树的仪式。这其实就是传统信仰习俗中的生态意识在民众生产、生活中的具体实践。

浙西南山区民众对他们生产、生活所依存的山林、树木有天然的亲情，乡民崇奉大树。过去，村落中的许多群众性活动都会在村口大树下或“神林”内举行。有些乡村民众在进行村庄“风水树”或“神林”祭祀活动时会明确作出一些强制保护性的规定，比如，“三年内一律不准进山砍伐林木，否则将会受到严惩”等。实践表明，诸如此类规约的法约性效力十分明显，“果然在随后的几年中没有发生乱砍滥伐林木的事件”①。可见此类原始宗教祭祀活动所具有的神秘性至少产生了三个方面的正面效应：一是由对山神、林神、树神等的原始宗教崇拜而引发对神灵的敬畏，并由敬畏产生禁忌，这种禁忌包括谁违规擅自进入树林伐木采樵或狩猎等，就会给本人及其亲属带来灾祸；二是祭祀活动的肃穆气氛和誓约的庄重承诺，转化为一种神圣的责任和义务，督促和鞭策人们严格履行誓言；三是在活动中循旧例对违规者的惩罚，告诫每个村民，使男女

① 笔者访谈时村落中的老人如是说。

老幼均产生强烈的自我约束意识。①

上述内容表明，先民从自身的生存实践中体验和感悟到自然生态环境保护的紧迫性，以草根的智慧将潜藏于传统信仰中的生态意识以乡规民约等显性的方式表达出来，简单明确地传递给村落中的每一个人，告知人人必须遵守，否则就会受到集体的谴责和惩罚，由此使人们产生由庄重承诺而带来的某种义务感和责任感，并进而树立起村落群体的某种信念和伦理观念。这对保护当地的生态环境，维持当地的生产、生活及社会秩序等都有其正面意义。

三、禁忌习俗与自然生态

禁忌作为一种精神民俗，是民族传统文化中的一个组成部分。是一个民族在不同的自然环境和社会交际之中，自发地逐渐形成的一种复杂的信仰民俗文化现象，是几千年来的文化积淀。各民族的禁忌习俗古老神秘、源远流长，渗透于他们的衣食住行、言谈举止、婚育丧葬和岁时年节等日常生产和生活的各个领域。许多民族的禁忌习俗与自然环境关系密切。②“‘禁忌’在人类学、民族学、民俗学中又常被称为‘塔布’，是‘taboo’的音译。其意思是为避免招致惩罚与灾难而在观念与行为上对人们的禁忌与限制……它虽然以非理性和缺乏任何先验性的特点而区别于法律禁令，但因多有信仰的因素为心理基础，是对某种社会生产状态或某种神秘的力量产生的恐惧、担忧而采取的消极防范措施，所以人们就相信，如果

---

① 古开弼：《我国历代保护自然生态环境的民间规约及其文化传承》，《中国生物学史暨农学史学术讨论会论文集》，2003 年。

② 白兴发：《论少数民族禁忌文化与自然生态保护的关系》，《青海民族学院学报》（社会科学版）2002 年第 4 期。

擅自违背与偶然触犯便会招来惩罚灾难。”[①] 作为特殊的信仰习俗，禁忌包含两方面的意思：一是“崇高的”、“神圣的”，二是“神秘的”、“危险的”、“禁止的”、“不洁的”。它来源于一种被称为玛那的神秘力量，它们能够利用无生命的物质作媒介而加以传递。[②] 就一般的表现形式而言，禁忌是一种无外在行为表现的心理之民俗形态，是一种隐藏于民众内心世界的精神层面的否定性的言行规范，它以其最严厉的、最有效的方式调节和控制着人与自然的关系，不仅在人们的心理上，而且在客观事实上都使两者变得更为亲近与和谐，显露出了先民的生存智慧。

1. 动植物禁忌与自然生态

长期以来，在我国各地的传统村落和广大民众中都流传着许多有关自然神灵崇拜及自然神灵崇拜禁忌被破坏导致恶果的种种传说。比如，将本地附近高大、枝繁叶茂的树作为保护神和风水树，这些树被先民认为是超植物性的、人格化了的神物而加以保护和崇拜，并衍生出种种神鬼传奇，乡民们都坚信：一旦这些“神木”被破坏，村落和乡民都将遭遇各种灾祸。如同干宝在《搜神记》中所记载的：“建安二十五年正月，魏武在洛阳起始建殿，伐濯龙树而血出。又掘徙梨，根伤而血出。魏武恶之，遂寝疾，是月崩。”[③]《本草纲目拾遗》中也曾有一段关于植物被砍后流血的描述：“乃藤汁也，似鸡血，每得一茎，可得汁数升，干者极似山羊血，取药

---

① 张元元、闫毓芳：《浅谈中西方文化中禁忌之异同》，《中北大学学报》（社会科学版）2012 年第 2 期。

② 武明芳：《试述女性禁忌的广泛性及其源流——以哀牢山彝族村落的个案为例》，《西江月》2012 年第 7 期。

③ 刘建：《何不让它安静地走》，《江西日报》2006 年 6 月 28 日。

少许投入汤中，有一线如鸡血走散者真。”[①] 古人称这种会流血的植物为鸡血藤。植物受伤出血，是极其罕见的事，汁液如血的植物也是极为罕见的，因而处于蒙昧状态中的先民自然是非常恐慌，必然产生种种怪异的念头，最直接的联想当然是神树与灾难，于是关于各种灾祸的传说便被广泛传播开来，进而使人们隐约意识到人与树木共通的利害关系，不负责任的伐树者将付出沉重代价。这种树神禁忌对于保护村落自然生态的作用不可低估，在客观上也使大量的古树、珍稀植物得到有效保护，扼制了因伐木过多而导致生态环境的恶化。从这个意义上说，源于自我保护和生存之需的动植物禁忌是先民生态环境保护观念的实践智慧和经验总结。

2. **山水禁忌与环境保护**

水是生命之源泉，人类时时刻刻都离不开水。原始先民对其生活附近的水源倍加崇拜。我国古代水源崇拜中最重要的是河流崇

① 赵学敏：《本草纲目拾遗》，商务印书馆1955年版，转引自云南重要中药资源信息系统网，http：//www. yimm. com. cn/news8/zyyl. asp。

拜，先民将河流神圣化，并在此基础上创造了河流神。据相关记载，古人很早就开始了对河流神虔诚的奉敬及隆重的祭祀。比如，在殷商时期的甲骨卜辞中就多有记载，其中有关黄河神祭祀的不下500条。在祭祀中，人们常常把大量牛羊等物沉入河中，甚至用人作祭品，以示诚意。除黄河外，流经殷都及其附近的洹水、漳水、淇水、漷水等河流，也是殷人祭祀的对象，只是受祭的规模与次数远不如黄河神。在周代，出现了所谓“四渎”的说法，具体指长江、黄河、淮水、济水四条著名河流，官方主要祭祀它们，民间一般只祭祀自己居住区附近的河流神，这一礼俗到汉代成为定制，此后，一直为历代所继承，甚至列入祀典。①

在浙西南山区，一些乡村的民众将泉水源头称为“龙潭”，乡民对水的崇拜主要表现在两个方面：一是对河流和水源给予人们生存之需及其神秘力量的崇拜，二是在此基础上发展而来的对掌管雨水的神灵的崇拜。人们对这些神灵施行仪式，祈求赐予雨水及其神秘的力量或消除雨水。龙神是水崇拜中最主要的水神，于是，人们对龙居住的地方——“龙潭”形成了种种禁忌。比如，不能将污水倒进河流与龙潭里，不能在水源周边砍伐树木，不能在溪流上游倒垃圾，不能在泉水边大小便等。浙西南的传统村落多依山而建，民众

① 魏子任：《中国古代的水神崇拜》，《华夏文化》2002年第2期。

则傍水而居，生态环境优美宜人，所以民众不仅有对水的禁忌，而且对山村依傍的山也因崇拜而产生种种禁忌。一些地方禁忌在村后的山上挖药材、喂养牲畜、打猎、喧哗，禁忌砍伐后山上的树木等。这些源于对神灵崇拜的禁忌习俗，客观上却起到了调整人与自然关系的作用，有利于人们适应、利用和保护自然环境，使之能更好地为人类服务。

3. 生活禁忌与生态保护

依据“万物有灵论”，动物也有灵魂。孕妇的丈夫忌狩猎、捕鱼是我国众多民族共同的禁忌。因为在先民看来，若孕妇之夫捕杀动物，动物之魂敌不过活的阳魂，定会来扼杀阴阳临界的腹婴弱体。[①] 还有，孕妇的丈夫忌参战杀敌，否则阴灵和战神会找腹婴报复。忌产妇回娘家分娩。产妇不准穿过自家的堂屋，未满月，也不能到别人家去。这些生活中的禁忌习俗及其有效实践，事实上都在一定程度上保证了生态系统的良性循环，体现了可持续发展的生态保护理念。

民间世俗的传统观念，与不同的节气相对应，有着不同的阴阳配合，正邪消长，有着不同的情境和因缘。因此，不论做什么事，都要依当时的特定环境而行，以求趋吉避凶、万事顺利，于是就产生了各种各样的节日、时日禁忌等民间生活禁忌习俗。神秘的生活禁忌就像一条无形的准绳，制约着人们的言行规范。透过这些源于原始崇拜、原始宗教的生活禁忌，我们可以发现原始先民已开始意识到人与自然、人与环境的相互依赖关系，从而重视自己赖以生存的生产与生存环境，为后代留下了更大的发展空间。

---

① 王树甲：《中国少数民族及其忌讳之布依族》，贵州百科信息网，http：//gz. zwbk. org/MyLemmaShow. aspx? lid =5919，2011 年2 月4 日。

当然，禁忌中的迷信成分也是显而易见的，但禁忌的产生与发展中暗藏的生态保护意识和可持续生存发展理念也是不容忽视的。可以这样说，禁忌这一民俗文化事象的最大特征在于：它借助神灵等超自然的威力要求人们爱护自然、敬畏自然并加以合理利用和积极保护，对民众实行自内心情感到行为表现的绝对制约。同时，也体现出人必须适应自然环境，与环境和谐相处，让自然界持久为人类服务的朴素生态意识。比如山水禁忌习俗，客观上使得人类与山村附近山水中的生物之间形成了互利共生的有益关系，保持了当地生态系统的良性循环，为人类的可持续发展提供了条件。

四、社会生活习俗与自然生态

马克思指出：“人们在生产中不仅仅影响自然界，而且也相互影响。他们如果不以一定的方式结合起来共同活动和互相交换其活动，便不能进行生产。为了进行生产，人们便发生一定的联系和关系；只有在这些社会联系和社会关系的范围内，才会有他们对自然界的影响，才会有生产。”① 人类经济活动中的物质资料生产首要的就是人类与自然界之间进行的物质、能量和信息的交换，自然生

---

① ［德］马克思：《雇佣劳动与资本》，《马克思恩格斯选集》（第1卷），人民出版社1972年版，第362～363页。

态的优劣不仅直接影响着社会生产力的水平，也制约和规定着生产关系的当下形态。于是，在不同的地理环境和自然条件下，就形成了一系列适应不同生态环境的生产、生活民俗和信仰文化习俗，其间都蕴含着丰富而朴实的生态理念。

比如，人类要延续，家族要发展，最终都要由男女双方的婚姻关系所决定，婚姻是人类自身生产的重要民俗文化形式，各民族的民众都非常重视。然而，各个民族的民众因其生存的自然环境、生产力水平和生产生活方式的差异而表现出不同的生态特色。这种顺乎自然的生育观念对于平衡人口比例、减少劳动压力都有一定的影响，是人类在生态环境中调整自身消费能力的"合理结构"，是对生态环境的一种适应。

再如，葬礼是对死者进行敛殡祭奠的仪式。一个人死后，活着的人为之发丧，表示悲痛和悼念完全是正常行为。但葬俗的形成与区域的地理生态环境有着密切关联，也体现了不同的人类群体长期以来形成的某些精神信仰。在浙西南及全国都曾流行的相墓术[①]就与生态环境息息相关。从相墓的结果看，人们选取的墓址一般都是依山傍水、日照充足、自然环境非常优美的地方。同时，为了保护所谓的自家"风水"，人们禁止在祖坟山上或附近种植某些经济作物，禁止砍伐祖坟山上及其周围树木，这在有意无意之中避免了山上的水土流失，在客观上也起到了维护生态环境的作用。

五、民间信仰中生态意识的审美价值

美是随着人同时出现的历史范畴，在人类产生以前，自然界无

① 相墓术，即指坟墓必择吉地，就是我们今天说的看风水。人们为了追求吉利，避免凶夭，非常看重坟墓的风水。

所谓美；在人类出现之后，人类以外的其他动物也无法欣赏人类所创造的美。在人类历史之初，先民对各种自然现象、世界和社会文化生活的起源及变化，无法作出科学的解释，朴素的初始思维来自先民对神秘莫测、富于变幻的自然现象的感知、思索和猜测，或只能借助想象和幻想把自然力和客观世界拟人化。先民的原始科学源自对天体运行的观察、思考，原始文化是先民与不可抗拒的自然界相协调的必然产物。因此，我们可以说自然界是原始先民最重要的认识对象，也是最重要的审美对象。

“原始思维局限于最近的感觉所及的环境，即人们能够思索的仅是他们直接感受到的东西或现象。”① 由于特定历史环境的局限，原始先民对外在形象的感受能力远远大于逻辑的、抽象的思维能力。由此，先民便以特有的、直观的方式实现着与自然界的沟通——自然崇拜。这种原始的自然崇拜的心理特征是整体性的混沌的认知方式，外部特征是模仿性粗犷的表达方式。原始先民朴素的审美意识就在这种感觉的、直观的、具有强烈功利目的性的表达方式中逐渐萌生了。

在浙西南各地，流传着丰富的神话传说，其中也有大量地域性的神话故事。从表面上看，流传至今的神话传说有着历史化的痕迹，其内容也多是荒诞不经、怪异离奇的。但是，仔细剖析其深层的文化根源，我们就会发现这样一个事实：同一类型和主题相同的神话，由于生成于不同的地域，其中就会隐藏着不同的历史事实及不同地域、不同族群民众的审美观。神话之中所反映的是先民对自然物和自然现象，诸如天地山川、日月星辰、风雨雷电、水火石神

① ［德］马克思、恩格斯：《德意志意识形态》，转引自杨建华：《先秦“格物致知”论》，《汕头大学学报》1990 年第 2 期。

的朴素的具象认知思维和对世界的严肃思考与审美。比如，对不同图腾形象的崇拜便是对“美”的一种直观表达。在原始先民朴素的思维中，畏于强大的自然界的威力，他们祈求通过仪式加强人神之间的联系。在各种仪式中，由于受万物有灵及对神秘力量的人格化的认知方式的影响，先民借助看似荒诞却庄严的歌舞，以期达到人神之间的交流沟通。由此可见，人类原始艺术的幼苗其实就诞生于原始信仰所蕴藏的浓厚的生态意识的沃壤之中。

知识链接

“鲤鱼化龙”的民间灯舞——青田鱼灯①

青田县地处浙南山区，瓯江穿境而过，山清水秀，人杰地灵，民间艺术源远流长，文化底蕴十分深厚，曾被国家文化部命名为“中国民间艺术之乡”。在绚丽多姿的青田民间艺术宝库中，《鱼灯》是最传统、最有代表性和最具地方特色的灯舞种类，也是浙江省鱼灯类具有代表性的传统民间舞蹈。

青田全县面积广袤，山重水复，百姓以梯山为田，田中养鱼（俗称田鱼）。金秋八月，家家“尝新饭”（风俗活动）：一碗新饭，一盘田鱼，祭祀天地，庆贺丰收，祝愿年

① 浙江省人民政府网，http：//www.hangzhou.com.cn/20060801/ca1180944.htm，2006年8月31日。

年有余（鱼）。劳动生产的现实随之形成的风俗习惯，是产生《鱼灯》舞的生活源泉。据说，《鱼灯》的形成与发展和明代开国功臣刘基紧密关联。元末，群雄竞起，青田县南田人刘基暗地招募义兵，并以鱼灯舞形式操习兵阵。经过刘基的整理和发展，增加了灯的数量，丰富了鱼的类型，同时把军事上的阵图大量渗透到《鱼灯》中，在历史的演变中逐渐形成具有独特操习风格的民间舞蹈。

《鱼灯》的灯，是根据瓯江淡水鱼的形象制作的。以长柄大红珠领队，举红珠者口吹哨子，指挥灯舞。灯舞人数各地不同，一般分单珠和双珠领队，单珠领队的是奇数（15~21人），双珠领队的是偶数（16~22人）。珠后面是龙头鱼身的红鲤鱼，最大的两条叫“头鱼”，为全队的“鱼王”，其次两条叫“二鱼”，接着是鳛鱼、鲢鱼、草鱼、鲫鱼、田鱼、塘鱼、青龙鱼、傩婆、虾、河豚等。《鱼灯》的伴奏是锣、鼓、钗、钹等打击乐器。服饰为包头巾、系腰带、扣护腕、打包腿等，类似古代武士的打扮。《鱼灯》表演时，以“红珠”领队，每人手举一盏鱼灯，走各种阵图。每逢喜庆节令，《鱼灯》过处，锣鼓喧天，灯火辉煌，晶光烨烨，鱼腾人跃。群众竞相围观，欢声雷动，表达人们对美好生活的追求和向往，体现吉祥如意、年年有鱼（余）、风调雨顺、国泰民安的美好愿望。

《鱼灯》的舞蹈动作是依据瓯江淡水鱼的生活习性而设计的，表演历来以变换队形为主，当地艺人称它为“走阵”，各种队形叫做“阵图”，开始多用“进门阵”（“二龙喷水”或“单龙喷水”），行进时以“编篱阵”为基本阵图，表演的高潮部分有“春鱼戏水、夏鱼跳滩、秋鱼恋浒、冬鱼结龙”等阵图，全套舞蹈以“鲤鱼跳龙门”结束，寓意鲤鱼化龙，青云直上，表达了人民对美好生活的向往。《鱼灯》的表演风格热烈朴素，道具制作精美，舞蹈动作粗犷奔放，具有较强的军事操练特色。表演时追求“操灯要活，起伏要大，跳跃要高，速度要快”。

改革开放以来，在文化主管部门的大力扶持下，历经几代文化工作者传承与改进，青田《鱼灯》曾参加新中国成立50周年天安门广场中心表演区演出、第五届国际民间艺术节、第七届中国艺术节和第十三届群星奖广场舞蹈演出等多次国内国际文化艺术展演，取得了优异的成绩，赢得了“天下第一鱼”的美称。目前，全县各地已发展成20多支青壮年男子、老年男人、少儿及女子鱼灯表演队，经常性地开展文化活动，并形成了能适宜舞台、广场、踩街等不同流派、不同风格的表演形式。

在保留传统青田《鱼灯》精华部分的基础上，文化工作者们集思广益，对灯具造型、服饰搭配、音乐伴奏、舞蹈动作进行全方位的改良创新，不断赋予新的文化内涵和艺术生命，推出了“青田鱼灯——鱼戏莲花”系列。其艺术造型更加精湛美观、栩栩如生；艺术风格更加粗犷奔放、刚柔相济；表演更加人性化，想象力更加丰富，寓意更加深刻。表演时，24名男演员手持“鱼灯”时而激越欢畅，时而轻歌曼舞，时而缠绵抒情，时而刚烈奔放；40名女演员手持“莲花灯”，如行云流水般不断变化舞蹈队列和阵形；通过“鱼”在“莲花”中不断穿梭，描述鱼儿戏莲时自由欢畅、激流勇进、昂扬向上的生活情景，反映了青田人民对美好生活的向往和追求，抒发了人们对大自然的深深眷恋和对生

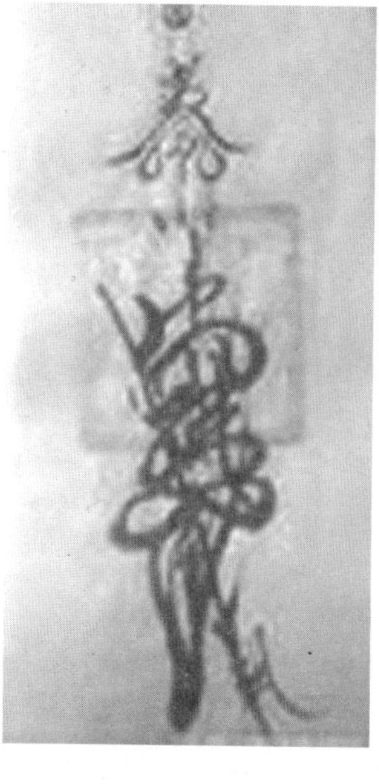

命的无限热爱。

青田《鱼灯》已成为现代社会群众健身和喜庆活动中不可或缺的民间艺术形式，成为青田的地方特色文化品牌的一张亮丽名片。

原始先民不仅以歌唱、舞蹈作为“美”的形式，表达着企图与神秘力量沟通的愿望，还直接以自然物为对象，通过图画表现着朴素的审美意识。例如，在松阳的象溪镇、古市镇、玉岩镇等地还保留着独具民俗风情特色的“大竹溪食品祭”以及有着原始和神秘色彩的驱邪巫画和宗教祭祀性舞蹈等。虽然先民的行为初衷具有明显的功利性，他们或是祈求神灵的佑护、驱魔祛病消灾，或是祈望风调雨顺、农业渔猎业丰收等，但是他们却不自觉地在生活所及的地方留下了潜意识的审美表达。先民不论是在住所的建筑上，还是在生产工具、生活用具上都做了“美”的装饰。各地考古相继发现的陶画、壁画、木画、石画、地画、岩画及青铜器物的样式、绘饰等，表明了原始先民广泛的审美对象以及审美表现方式的多样性。而且除了文献资料外，越来越多的考古及民族学资料也证明了先民还注重自身的装饰，他们通过绘面、文身、佩戴饰物等表达着朴素的审美观。这种原始的人体装饰艺术从侧面反映了人类与自然界相互适应中在心理层面上对“美”的释放。①

① 杭州良渚遗址管理区管理委员会：《浅谈原始人体装饰》，中国国学网，http://www.confucianism.com.cn/html/minsu/11294379.html。

第四编　生态文明与民间信仰价值观重塑

任何一个民族、区域或社会群体的发展都必须有其内生动力，这种内生动力除了生存繁衍的基本需求动力之外，还有要求不断发展的精神动力。这种精神动力是由该民族、区域或群体的文化所生发的，而文化的核心则在于一些基本的价值取向、理想信仰和与此相适应的行为模式。今天，人类面临的生态危机不仅发生在自然领域和社会领域，也发生在人类的精神领域。而人类精神世界中价值取向的狭隘与功利，是最终造成地球生态系统失调的重要原因。如今，已到了对人类社会发展过程中包括民间信仰在内的种种文明形态的文化价值观进行全面反思与价值重构的时候了。

一、深生态学理念及民间信仰文化反思

1. 深生态学价值理念

从20世纪60年代开始，环境污染和保境保护的问题日益成为世界各国民众尤其是发达国家民众关注的热点问题，并开始成为一个全球性的问题。也就是从这个时期开始，世界上许多国家特别是那些已进入工业化中后期的现代化国家，都在急于寻求疗救的药方。各国都采取了一些自诩为良策的环境保护和发展措施，但时至今日，全球环境日益恶化的总体趋势并未从根本上得到遏制。于是，一些有识之士开始怀疑和追思。思考的结果是：以人类中心论为指导思想的环境保护措施是不可能从根本上扭转环境持续恶化这一趋势的。通过对人类社会发展意义、生存危机与生态环境关系的全面而深刻的反思，在西方国家出现了一批具有相当影响力的生态学思想家和致力于生态保护实践的有识之士，形成了具有较强的现实针对性和较为系统的关于现代国家的生态伦理思想和主张，并得到了广泛的认同。比如，他们提出：不仅人与人之间应当建立一种平等的伦理关系，而且人与自然之间也应当建立一种合理的伦理关系；不仅人对人负有道德义务，人对人之外的自然存在物也负有道德义务。①

"人不仅仅是自然存在物，而且是人的自然存在物，也就是说，是为自身而存在着的存在物，因而是类存在物。他必须既在自己的存在中也在自己的知识中确证并表现自身。"② 人类是一个独特的

---

① 刘德龙：《重构生态民俗价值观：树立和落实科学发展观的重要基础》，《江苏社会科学》2006年第6期。

② ［德］马克思著，刘丕坤译：《1844年经济学—哲学手稿》，《马克思恩格斯全集》（第42卷），人民出版社1999年版，第169页。

存在物，人类的独特地位赋予他的，绝不是掠夺的权利，而是保护的义务。马克思把人作为自然存在物来看待，具有多方面的生态伦理意义：其一，自然人作为自然存在物，是自然大家族中的一个成员，他应该关心和爱护自己的家园，善待自然界。对自然生态系统的任何破坏，也是对人类自身机体的破坏。因此，人类要重新审视自己在自然界中的地位，要树立同其他自然存在物一荣俱荣、一损俱损的生态伦理意识，摆正人在自然界中的位置。其二，人是能动的自然存在物，是自然生命中唯一具有自觉意识，并能体察到自身生存危机的生命形式。因此，在保持自然生态平衡、维护其他生命物种生存权利方面，人类有着不可推卸的道义责任。其三，人作为自然存在物，他的一切活动都要受到自然规律的限制和约束。人类不可莽撞行事、胡作非为，而应自觉地按生态自然规律办事，这样才能“制天命而用之”。①

我们倘若不能从生态危机的深层根源对人类以往的基本价值取向进行一次深刻的反思与变革，不能超越狭隘的人类中心主义，那么，我们所做的一切都只能暂时延缓全球生态环境的恶化，却不能从根本上改变地球的命运。正是在这样一种对人类社会现代性进程中重新建构生态价值观的真诚呼唤的大背景下，“深生态学”应运而生，并迅速得到国际学术界一批环境理想主义者的热烈响应，成为当代西方环境运动中起先导作用的环境价值理念。

深生态学是由挪威著名哲学家阿恩·纳斯创立的，它突破了此前的浅生态学的认识局限。浅生态学是一种以人类在自然界中占统治地位或主宰地位为主导思想的世界观，这种世界观是人类在与大

---

① 张秉民、郭春霞：《人与自然关系的独到探索——重读马克思〈1844 年经济学—哲学手稿〉》，《人类学高级论坛——人类生存与生态环境》，2004 年。

自然的长期对峙与抗衡中逐渐形成的，对人类社会的发展进程有着主导性的影响，到了近现代社会更得到了进一步的强化。[①] 20 世纪 70 年代起，西方环境运动的目标逐步从具体的环境保护转向了关注整个生态系统的稳定，开始考虑环境问题在政治、经济、社会和伦理层面上的因素。1985 年，纳斯发表了《生态智慧：深层和浅层生态学》一文，文中指出：浅生态学的基本信条是自然界的多样性作为一种资源是有价值的，除了对人类有价值以外，谈论自然界的价值是没有意义的。而深生态学的口号则是自然界的多样性具有自身的内在价值，把价值等同于人类的价值表现了一种物种的偏见。[②] 此后，美国的一批生态学领域的学者进一步完善了这一理论。美国深生态学家比尔·迪伏和乔治·塞逊斯认为，浅生态学运动是由人类在自然界占统治地位或主宰地位的世界观指导的，而深生态学运动则是由新的世界观和价值观指导的。他们认为：人类在自然界占主宰地位的世界观的基本价值观念是："主宰自然"、"自然环境是人类的资源"、"物质和经济的增长为人类的人口增长服务"、"相信丰富的资源储藏"、"高技术的进步和结论"、"消费主义"、"民族的中心化的社会"等。而深生态学的基本价值观念是："与自然

① 王正平：《深生态学：一种新的环境价值理念》，《上海师范大学学报》（基础教育版）2000 年第 4 期。

② 刘德龙：《科学发展观的树立与生态价值观的重构》，《江苏社会科学》2004 年第 5 期。

和谐相处”、“所有的自然物具有内在价值，生命物种平等”、“讲究而简单的物质需要（物质的目的为更大的自我实现的目标服务）”、“地球，‘供给’有限”、“恰当的技术，‘非主宰’的科学”、“足够使用和再使用（循环利用）”、“尊重少数的传统和生物区域”等。①

为了比较完整地表达深生态学的基本环境价值理念，1984 年 4 月，乔治·塞逊斯和阿恩·纳斯在加利福尼亚州的一个名叫“死谷”的野营地相聚，共同总结了 15 年来他们对深生态学原则的思考，提出了著名的“八大基本原则”②。

知识链接

深生态学八大基本原则

一是人类与非人类在地球上的生存与繁荣具有自身内在的、固有的价值。非人类的价值并不取决于他们对于满足人类期望的有用性。

二是生命形式的丰富性和多样性是有价值的，并有助于人们认识它们的价值。

三是人们除非为了满足生死攸关的需要，否则无权减弱这种生命的丰富性和多样性。

四是人类生活和文化的繁荣是与随之而来的人类人口的减少相一致的，并不是人类生活的繁荣要求人口减少。

五是目前人类对非人类世界的干涉是过分的，并且这种过度干

① 王正平：《深生态学：一种新的环境价值理念》，《上海师范大学学报》（基础教育版）2000 年第 4 期。

② 王正平：《深生态学：一种新的环境价值理念》，《上海师范大学学报》（基础教育版）2000 年第 4 期。

涉的情形正在迅速恶化。

六是政策必须改变。这些政策影响基本的经济、技术和意识形态的结构。事情变化的结果，将与现在的情形有深刻的区别。

七是这种观念的变化主要在于对“生活质量”（富于内在价值情形）的赞赏，而不是坚持追求一种不断提高的更高要求的生活标准。人们将认识到“大”与“棒”的巨大差别。

八是同意上述观点的人们有责任直接地或间接地去努力完成这个根本性的转变。

深生态学的八个基本原则，集中反映了深生态学理论的本质特点。它们既是一种新型的环境价值理念，又是一种环境保护运动的行动纲领。可以这么说，深生态学所揭示的许多合理的环境价值观念，是对人类的生态智慧进行了比较全面而深刻的概括和拓展，对我们进行文化的反思有重要启示。深生态学揭示的最重要的现代环境价值观念是①：

（1）生态“大自我”的环境整体主义观念。深生态学的最高规范是“自我实现”，把人的自我利益与大自然中的所有物种、生命共同体、生态系统的利益紧紧联系在一起，把人类道德共同体的范围扩大到整个“生物圈”或“生态系统”，这是人类价值观念上的一种变革、道德观念上的重要进步。深生态学倡导的生态“大自我”的整体主义价值观念，是人类面对生态环境恶化挑战的重要“生存智慧”。

---

① 陆群：《宗教生态旅游：西部旅游业可持续发展的新思路》，《吉首大学学报》（社会科学版）2001 年第 2 期。

(2)"所有的自然物具有内在价值"观念。深生态学超越人们以往仅仅把自然物、非人类的生命体看作是人类的"工具"或"资源"的狭隘认识，肯定所有自然物、生物物种具有内在的、固有的价值，有益于人类不仅把大自然当"工具"，而且把大自然本身也当"目的"看待。在生态环境保护的实践中，只有承认自然物、其他生命物种的内在价值，才有利于人类尊重生命，善待大自然，维护生态系统的平衡和健康运行。

(3)"生命物种平等"观念。"生命物种平等"观念，是对人类，特别是对西方旧有文化和道德价值观念的挑战。尽管人们对于"生命物种平等"观念有不同的理解和争论，但它作为一种现代环境价值理念有益于人类重新认识人在大自然中的位置。人类应当成为大自然生命共同体的平等一员和"善良公民"，而不应当是大自然中狂妄的"主宰"。须知"我们在伤害大自然的其他生物时，也在伤害着我们自身"。

(4)"生命的丰富性和多样性"观念。从现代生态科学认识的角度看，保持地球生物圈中生命形式的丰富性和物种的多样性，对于维持生态系统的动态平衡以及生物之间、生物与环境之间的物质、信息和能量交换具有极其重要的价值。维护生命的丰富性和多样性，已成为一个重要的现代环境价值观念。

(5)"物质上的足够使用和再利用"观念。地球的资源供给是有限的，为了节约和保护自然资源，必须反对传统的、无限扩

张的生产和消费观念，倡导物质上的足够使用和再利用观念。人为的商品废弃、不断提高的产品包装规格要求、物质上的挥霍浪费是与现代环境价值观念格格不入的。环境标准应当成为衡量经济发展的重要尺度。

(6)“恰当的技术，非主宰的科学”观念。人类以往通常把科学与技术看作是“战胜自然”、“统治自然”的手段。而现代环境价值观念，要求技术与科技“生态化”，把是否有利于自然资源节约、利用和再生，是否有利于生态环境的稳定与完善，作为衡量科技成败得失的一个基本尺度。

(7)“控制人口增长”观念。当今世界面临着人口过度增长带来的环境、社会、教育和生活保障的严重压力。控制人口的增长，保护自然环境，促进其他生命形式的丰富性和多样性，是一个重要的现代环境价值观念。

(8)“手段简单，目的丰富”观念。“手段简单，目的丰富”，是深生态学提出的全新生活价值观念和消费方式。它向目前占统治地位的消费主义和物质主义的消费观提出质疑。物质的目的应当为更大的自我实现的目标服务。人类生活的文明尺度，不在于“生活标准”即物质占有量的不断提高，而在于“生活质量”即物质的充分利用和精神生活的完善。

人对自然界的依赖与掌握表现为人同自然之间的双向适应关系的本质的统一，文化是其实现的方式。① 我们也可以以此作为视角，分析人类与动物的区别：动物以本能的方式生存，是以自身本能的变化来适应自然界的。而人类是以文化的方式生存，用文化来适应

① 夏甄陶：《自然与文化》，《中国社会科学》1999 年第 5 期。

自然，或改变自然以满足自己的需要。其实，人类自登上历史舞台后，就有着要彻底征服自然的雄心和幻想，尽管有时是被动的或不自觉的。在人类社会的初始阶段，由于人们的活动范围有限，控制自然的能力低下，栖息地的地理条件与自然环境对人类的生产活动具有绝对的束缚和制约。随着人类社会的发展、文化的演进和人们控制自然能力的提升，地理条件与自然环境对人类生产活动的影响虽然还存在，却已经不能起决定性作用了。之后，不断推进的技术发明与文化进步，使人类的足迹渐渐遍及世界，地球表面的自然环境也因此被人类的活动迅速加以改变，逐步形成了自然生态与人文历史相互交融的综合景观。特别是近代以来，科技的飞速发展，使人类大大增强了在自然环境中生存的能力，同时，人类文化的发展也从正逆两个方向越来越明显地干预和影响着生态环境的自然演进过程。①

美国生态学家奥德姆曾将生物物种间相互作用的多样性的表现概括为九种形式，包括中性作用、竞争作用、抗生作用、偏害作用、寄生作用、捕食作用、偏利作用、原始作用、互利共生作用等。这些相互作用的形式大致又可分为两大类，一类称为负相互作用，另一类称为正相互作用。比如，竞争、捕食、寄生、抗生作用等属负相互作用；偏利共生、原始协作和互利共生作用等属正相互作用。生态学研究表明，多样性是维持生态系统稳定的重要因素，物种越丰富，环境条件越复杂，生态系统就越稳定。② 事实表明，任何一个物种的非正常灭绝，对于人类来说，都是无可挽回的损

① 《上帝按照自己的形体长相用泥土塑造了人》，中金在线论坛，http://bbs.cnfol.com/thread-6222717-1-1.html。

② 雷毅：《环境整体主义的生态学基础》，《清华大学学报》（哲学社会科学版）2006年第4期。

失。一个物种的消失，至少意味着一座复杂的、独特的基因库的毁灭，意味着我们的子孙又少了一份可供选择的生物资源。同时，某个物种的灭亡还会影响到与之相关的多个物种的消长。有研究资料显示，每灭绝一种植物，就会有 10 ~ 30 种依附于它的其他植物、昆虫及高等动物随之失去依靠，而走向覆灭之路。这种生态改变，对人类的影响有时不是立刻显现出来的，但这种影响肯定是存在的。① 所以，“生态系统像一张网一样，如果每个网结都有几条线与别的网结相联系，它就能比简单的、没有分叉的线圈更好地抵抗瓦解，线要是有几个地方被剪断，它就全都毁了”②。应当说，由于人类的经济活动日渐频繁，对技术和资源的依赖程度越来越高，自然环境在一定程度上退化是难免的。但如果超越了一定的范围，达到某个阈值时，这种退化就会变得不可逆转，生态系统就会趋于毁灭，到那时，人类必将自食恶果，难逃厄运。

当今世界的许多问题，都是源于对生物多样性与文化多元化之间关系的失调。所谓生态危机，其实是一场深刻的文化危机和价值观危机，说到底就是推行文化单一化的结果。“文化的单一化致使在不适应其文化的生存生境下靠代偿力低效运作其相应的文化……随着单项展拓代偿力分布区的剧增，生态危机愈演愈烈……要解救生态危机，保持全球生态环境的良性循环，没有文化的多样性，是绝对做不到的。”③ 正是文化的多样性造就了人类千姿百态的生计

① 廖君、王敏等：《物种大灭绝：人类史上最大危机》，新华网，http：//news. xinhuanet. com/focus/2007 －04/24/content_ 6019466. htm。

② ［美］戴维·埃伦费尔德著，李云龙译：《人道主义的僭妄》，转引自梁莉：《生态主义的召唤——论全球化背景下生态文艺学的价值取向及其启示》，郑州大学硕士学位论文，2003 年。

③ 罗康隆：《侗族现代化道路的抉择》，《怀化师专学报》1992 年第 4 期。

方式，使人类在自然资源的利用上呈现出千姿百态的资源价值取向和千差万别的利用方式及利用层次。这是人类缓解资源危机、合理利用地球资源最具有根本性的凭借。

“生态社会是一个真正自由的社会，一个真正建立在生态学原则之上，可以调节人与自然关系的自由社会。”[①]“希望破坏之后自然会有幻灭之痛，可是一阵子过去以后，我们就可以获得一种更清明的见解。当然，那种浅薄的乐观主义我们是非舍弃不可的。人类不是自然的主人，而且永远不会成为自然的主人。生和死的奥妙绝不是人类这位小哥儿所能参透，宇宙万有的重量也绝不是眇眇之躬所能肩荷。无论天文学怎么进步，它不会帮我们把月亮变成饽饽。我们轻轻巧巧地夸口征服自然，其实自然已经定下界限叫我们不能越雷池一步。”[②] 的确，没有大自然就没有生命，从生命的起源到物种的形成，生物无时无刻不在依赖大自然、适应大自然，即使是在高度文明、高度发展的今天，人类社会也只能在不同程度上改善大自然，绝不能脱离自然环境。因此，我们有理由这样认为，包括

---

① 刘思华：《生态经济学视角下的和谐社会论》，人民网，http：//theory. people. com. cn/GB/49154/49156/3874416. html。

② ［美］罗伯特·路威著，吕叔湘译：《文明与野蛮》，转引自潘新宁：《颠覆“超越”的文化寓言》，《名作欣赏》2004 年第 3 期。

人类在内的所有生物都是自然的产物，也是自然的组成部分；包括人类在内的所有生物只有与自然密切结合在一起，才能出现生命现象，并使这一生命现象生生不息，走向繁荣。

2. **民间信仰价值观的终极探寻**

在我国古老的民间意识中，人只是自然界中的一分子，只有同自然界融为一体，才能找到终极真理。在远古先民的观念里，人是天地间的生灵，天地为人提供了生存的环境，也为人的生存框定了界限，人只能生存在地之上、天之下，要想上天入地，比什么都难。天、地、人共同遵循的“道路”就是“独立而不改，周行而不殆”的自然法则。我国古代的哲人老子曾把原始初民的感悟概括成艰涩的哲学：“故道大，天大，地大，人亦大。域中有四大，而人居其一焉”，“人法地，地法天，天法道，道法自然”。远古时代的民风是“尊天敬地”，在民间信仰中，人们把苍天大地当作生身父母，当作祖先，称作“皇天后土”。在我国古代民众看来，只有遵循了天地间自然的法则，才可以天长地久，国泰民安。在我国传统文化的构成体系中，无论儒学、佛学、道学，都视人与自然的关系为关注的焦点之一，在这些学说的理论构架之中，都有主张人类与自然应该相生相谐、互利发展的内容。比如，早在战国时期，儒学的代表性人物孟子就已意识到破坏山林资源可能带来的不良生态后果，并由此概括出了具有普遍意义的生态学法则——物养互相消长的法则。《孟子·告子章句上》有这样一段论述：“牛山之木尝美矣，以其郊于大国也，斧斤伐之，可以为美乎？是其日夜之所息，雨露之所润，非无萌蘖之生焉，牛羊又从而牧之。是以若彼濯濯也，人见其濯濯也，以为未尝有材焉，此岂山之性也哉？……故苟得其养，无物不长；苟失其养，无物不消。”① 这可能是人类历史上最早对森林破坏情况的记述。“苟得其养，无物不长；苟失其养，无物不消”的物养互相消长的法则，可以说是对自然与人类及各种生物之间的生态关联的高度概括。荀子也认为，当自然界的动植物处于生长阶段尚未成熟之时，人类不可以采伐渔猎，他说：“草木荣华滋硕之时，则斧斤不入山林，不夭其生，不绝，其长也；鼋鼍鱼鳖鳅鳝孕别之时，罔罟毒药不入泽，不夭其生，不绝其长也；春耕夏耘秋收冬藏，四者不失时，故五谷不绝，而百姓有余食也；污池渊沼川泽，谨其时禁，故鱼鳖尤多，而百姓有余用也；斩伐养长不失其时，故山林不童，而百姓有余材也。”② 荀子从自然生态与人类生存的角度认识到，动植物的生长有其自然规律和必要的生长过程，人类为了自己的生存不得不向自然索取，但这种索取不是无限制的，要有一定的度，这就是要人们保证不让其他生命在没有成熟的时期夭折，即“不夭其生，不绝其长”，只有如此，才能够在保障人类生存繁衍的同时保障大自然的生存繁衍。这些理论观点和生态保护思想以及对良好自然生态重要价值的深刻认识，被我国历代社会的统治阶层所重视，有的还被采纳作为治国之纲，并且在我国历代民间社会中也产生了持久的影响。英国学者唐通也曾对我国古代社会通行的生态文化观念作出过概括性阐释，他说：“中国的传统

① 王磊：《先秦时期的生态美思想——孟子、庄子解读》，《陕西师范大学学报》（哲学社会科学版）2001 年第 4 期。

② 转引自蔡德贵：《普及儒家环保诗词和名句，强化人与自然和谐意识》，《伦理学研究》2008 年第 3 期。

是很不同的。它不奋力征服自然，也不研究通过分析理解自然，目的在于与自然订立协议，实现并维持和谐……中国的传统是整体论的和人文主义的，不允许科学同伦理学和美学分离，理性不应与善和美分离。”① 贯穿于我国传统文化观念中的这种价值取向，对历代民众的生态观以及各民族民俗文化的塑造具有重要的影响，并从不同的层面对人们的经济活动及日常生活起着规约和控制的作用。

在浙西南地区，民间信仰中沿袭着大量的保护自然生态的禁忌。这些禁忌的生成，大多源于浙西南广大民众对自然万物的崇敬、感恩、畏惧或顺从。在长期生存栖息于此的民众看来，对自然万物的关爱与禁忌，已不仅仅是一种外在的习俗规范或公约，也是一种心理上的坚定信念、一种自主的价值取向。世世代代的民众都坚信这一信念：尽可能不触动自然，保持自然的完整，保护自然的生命力，才能维护自然生态环境的和谐平稳发展。人类一切行为应该符合天地自然运行的内在规律，与自然协调一致，爱护一切生命的存在，尽量消除同自然运动规律相背离的行为，只有这样，才能从根本上保护包括人在内的一切生物的生命权，才能使人类真正获得自由生活的权利。

人与自然和谐共处是民俗价值观的核心，主要体现为：人类与大自然是不可分割的，大自然本就是人类生活的一部分，善待自然，就是善待人类自己。善待自然就要保护自然，不破坏自然，做大自然的朋友；就要采取积极措施预防和减少对大自然的破坏；就要合理利用自然资源，保护生态环境。善待大自然，大自然就会善待我们。人类是自然界的一部分，善待自然就等于善待人类自己。

① 刘婷：《论构建符合生态文明的可持续消费方式》，云南省环境保护宣教中心网，http：//www.ynepb.gov.cn/color/DisplayPages/ContentDisplay_ 571.aspx？contentid =29136。

在善待大自然的过程中，我们会感受到与大自然和谐相处，与大自然成为朋友的无限乐趣。

与浙西南民俗文化的价值取向相似，我国其他各地及世界上许多民族与人类群体的民俗文化传统都体现出与大自然协调互利的价值取向。人们将自己看作是大自然之子，将土地看作是人类的母亲，天空是父亲，动物是兄弟姐妹，人类与世间万物像家庭成员一样生活在一起。人类不比其他成员高贵，也不比其他成员低贱，都是这个宇宙大家庭的组成部分。我们应坚持和倡导一种新的自然观：坚持人与自然的相互限定、相互依赖和相互包容，坚持人与自然的密切关系、不可分割和内在统一，以承认自然价值的多样性为基础，对自然资源的消费不仅要支付其传统意义上的经济价值，还要支付其生态等其他价值。①

在东西方许多民族与群体传统的民俗价值体系中，敬畏、顺应、尊重、爱护自然，使人类的生存活动与大自然相生相谐，互利共处，都是居于民俗价值坐标中心地位的观念与取向。② 尽管不同地域、不同民族、不同文化语境中的民俗文化生成的背景有一定差异，但几乎所有的人类群体在建构各自的民俗文化体系的过程中的价值取向，都是相同或相近的。在民俗文化的建构中，人们对于与其生存没有价值关系的东西，从来都是漠不关心的。而对于与自身

① 贾向桐：《实现人与自然和谐发展》，《河南日报》2005 年 2 月 23 日。

② 方艳：《可持续发展理念下的民俗价值观重构》，《华章》2008 年第 4 期。

生存利害攸关的自然物和自然力，人们则普遍怀有敬畏的情愫，并因此而演化出各异的崇拜形式，形成种种行为规范。翻开人类的民俗演化史，不难看到，被一些群体奉之为神圣，在生产、生活中加以诸多行为禁忌的自然物或自然力，说穿了不过是那些与该群体的生存与发展利害攸关的价值物。[①] 传统信仰习俗中对大量神灵的崇拜，其实质也是对群体所处环境中的某些被歪曲地反映了的、神秘化了的自然资源价值的追求。如此来看，民俗价值观的指向，从来都密切关联着人类的生存需求。因而，对民间信仰这一传统文化价值观的探寻，也必须回到人与自然关系这一原点上来展开。

人类历史发展到今天，人类与自然的关系依然堪忧。现代人类所追求的实利主义、享乐主义、唯我主义、急功近利的价值观是制造现代生态灾难的罪魁祸首。当下，在不断升级的现代化生活浪潮下，涌动着的是日益膨胀的反自然、反社会、反人类的倾向。一些具有远见卓识的人已经意识到，人类正处于一个何去何从的重要转折点。德国学者舍勒认为传统社会向现代社会的过渡呈现出了种种病态，导致了现代社会中价值的颠覆。奥地利学者贝塔朗菲则把它叫做传统社会的“价值崩溃”。美国学者福斯特在《生态与人类自由》一文中也指出：“如果我们要拯救地球，围绕个人贪婪的经济学和以此为基础的社会制度必须要让位于更广泛的价值观和一套立足于与地球上的生命协调一致意义上的新的社会安排。”[②] 在这些学者看来，人类若无对自身本质的深刻反省，没有对自己未来目标的合理选择，设计出无愧于人的本性的生产方式和生活方式，遵循

① 江帆：《地方性知识中的生态伦理与生存智慧》，《山东社会科学》2012 年第 11 期。

② 郭建华：《荒野中的精灵——〈聊斋志异〉的生态学解读》，苏州大学硕士学位论文，2007 年。

自然进化的规律进行目标自律，就不可能走出今天的生态困境。而要重新修整现代社会的价值体系，在很大程度上取决于人类如何调整、端正自己的价值取向，如何看待精神的价值，如何挖掘地球生态系统中的精神资源。这不仅是人类与自然真正和解的出路，也是人类自身逐步走向完善的前提。①

二、生态文明时代的文化精神

生态文明是指人们在改造客观物质世界的同时，积极改善和优化人与自然的关系，在建设有序的生态运行机制和良好的生态环境过程中所取得的物质、精神、制度方面成果的总和。“建设生态文明，实质上就是要建设以资源环境承载力为基础、以自然规律为准则、以可持续发展为目标的资源节约型、环境友好型社会。历史经验告诉我们生态兴则文明兴，生态衰则文明衰。”② 当今时代，在反思和批判生态危机时，我们要做的事情是不能止于对某个问题的二元对立、非此即彼的结论式探究，而是要思考在总体上提倡和发扬什么样的文化精神。浅生态学和深生态学的论争，二者就坚守人类中心主义还是反人类中心主义的争执也引发了整个知识界、思想界的参与，这些论争的深层问题实际上也就是对生态文明时代的文化精神的思考。

1. 生态文明的基本内涵与文化特征

(1) 生态文明的基本内涵。

生态文明具有丰富的内容，就其内涵而言，主要包括生态意识

---

① 彭松乔：《生态文艺学：视阈、范式与文本》，《江汉大学学报》（人文社会科学版）2002 年第 3 期。

② 周生贤：《提高生态文明水平》，中华人民共和国环境保护部网站，http://www.zhb.gov.cn/gkml/hbb/qt/201011/t20101116_197549.htm。

文明、生态制度文明和生态行为文明三个方面。

第一，生态意识文明。生态文明建设中一项很重要的内容，就是在全社会牢固树立生态文明理念，大力弘扬人与自然和谐相处的核心价值观。生态文明意识是指人们正确看待生态问题的一种进步的观念

形态，包括进步的生态意识、进步的生态心理、进步的生态道德以及体现人与自然平等、和谐的价值取向。[①] 建设生态文明，在全社会树立生态文明理念是首要工作。我们要逐步形成尊重自然、认知自然价值的意识，建立实现人们自身全面发展的文化与氛围，从而转移人们对物欲的过分强调与关注。“全民生态意识觉醒之日，就是我国生态环境改善之时”，进入21世纪，人类已逐渐从长期对自然的索取、破坏而遭受到的惩罚中觉醒，一个从征服自然、破坏自然到回归自然、珍爱自然的新理念正在形成。

第二，生态制度文明。建设生态文明，内在地包含着保护生态、实现人与自然和谐相处的制度安排和政策法规。正确对待生态问题的制度形态，包括生态制度、法律和规范，强调健全和完善与生态文明建设标准相关的规则体系。人类自身作为建设生态文明的主体，必须将生态文明的内容和要求内在地体现在人类的法律制

① 陈寿朋：《生态文明建设的文化和社会层面》，国家林业局网站，http：//www. forestry. gov. cn/ZhuantiAction. do? dispatch = content&name = stwm&id = 113936。

度、思想意识、生活方式和行为方式中，并以此作为衡量人类文明程度的一个基本标尺。生态文明文化观的核心从“人统治自然”过渡到“人与自然协调发展”。在政治制度方面，环境问题进入政治结构、法律体系，成为社会的中心议题之一；在物质形态方面，创造了新的物质形式，改造传统的物质生产领域，形成新的产业体系，如循环经济、绿色产业；在精神领域，创造生态文化形式，包括环境教育、环境科技、环境伦理，提高环保意识。[①]

第三，生态行为文明。它是在一定的生态文明观和生态文明意识指导下，人们在生产、生活实践中推动生态文明向前发展的活动，包括清洁生产、循环经济、环保产业、绿化建设以及一切具有生态文明意义的参与和管理活动，同时还包括人们的生态意识和行为能力的培育。[②] 建设生态文明，人们应该将生态文明的内容和要求由内而外地体现在自己的生产、生活和行为方式中，体现在各种活动实践中，形成符合生态文明要求的生活方式和行为习惯。作为物质产品的生产者和消费者，人的生活方式应自觉以实用节俭为原则，在生产和生活中养成节约资源、善待环境、循环利用、物尽其用的良好习惯，以适度消费为特征，追求基本生活需要的满足，崇尚精神

① 钱俊生：《怎样认识和理解“建设生态文明”》，《半月谈》2007 年第 21 期。
② 陈寿朋：《略论生态文明建设》，《人民日报》2008 年 1 月 8 日。

和文化的享受，主动抑制直至消除浮华铺张、奢侈浪费等不良习惯。

（2）生态文明的文化特征。

生态文明的文化特征主要包括以下五个方面：

第一，自然性与自律性。与以往的农业文明、工业文明一样，生态文明也主张在改造自然的过程中发展物质生产力，不断提高人们的物质生产水平。但生态文明突出自然生态的重要，强调尊重和保护自然环境，强调人类在改造自然的同时必须尊重和爱护自然，而不能随心所欲，盲目蛮干。同时，生态文明又强调人的自律性，认为人类应该认真定位自己在自然界中的位置，深刻认识和准确把握人与自然环境的相互依存、相互促进、共处共融的关系。人类既不是自然界的统治者，也不是自然界的仆役，而是不能脱离自然界而独立存在的自然界中的一部分，人们只有尊重自然、爱护自然、遵循自然发展规律，才能实现人与自然界的友好共处、和谐发展。

第二，和谐性与公平性。生态文明是人与自然、人与人、人与社会和谐共生的文化伦理形态，是人类遵循人、自然、社会和谐发展这一客观规律而取得的物质与精神成果。生态的稳定与和谐是自然环境的福祉，更是人类自己的福祉。与工业文明相比，生态文明所体现的是一种更广泛、更具有深远意义的公平，它包括人与自然之间的公平、当代人之间的公平、当代人与后代人之间的公平。当代人不能肆意挥霍资源、践踏环境，必须留给子孙后代一个生态良好、可持续发展的环境与地球。①

第三，基础性与可持续性。作为对工业文明的超越，生态文明代表了一种更为高级的人类文明形态，代表了一种更为美好的社会

---

① 张光义：《生态文明的概念、特征与基本内容》，《黄河报》2009年7月10日。

和谐理想。生态文明应该成为现代社会文明体系的基础，人民享受幸福的基本条件。同时，生态文明是保障可持续性发展的关键，没有可持续的生态环境就没有可持续发展，保护生态就是保护可持续发展能力，改善生态就是提高可持续发展能力。

第四，整体性与多样性。生态文明具有系统性、整体性，要从整体上去把握生态文明，把自然界看成是一个有机联系的整体，把人类看作是自然界的有机组成部分。一般说来，生态问题是全球性的，生态文明要求我们具有全球眼光，从整体的角度来考虑问题。另外，生态文明对现有其他文明具有整合与重塑作用，社会的物质文明、政治文明和精神文明等都与生态文明密不可分，是一个统一的整体。同时，生态文明的文化价值观强调尊重和保护地球上的生物多样性，强调人、自然、社会的多样性存在，强调人与自然间的公平，承认地球上每个物种都有其存在的价值。建设生态文明，要始终以一种宽阔的胸怀和眼光关怀自然界中的万事万物，切忌为了眼前的、局部的利益而牺牲自然界本身的丰富性和多样性。

第五，伦理性与文化性。生态文明是生态危机催生的人类文明发展史上更进步、更高级的文化伦理形态。生态文明认为，人不是万物的尺度，人类和地球上的其他生物种类一样，都是组成自然生态系统的一个要素。不仅人是主体，自然也是主体；不仅人有价值，自然也有价值；不仅人有主动性，自然也有主动性；不仅人依靠自然，所有生命都依靠自然。培育和发展生态文化是生态文明建设的重要内容。应该围绕其发展先进文化，加强生态文化理论研究，大力推进生态文化建设，大力弘扬人与自然和谐相处的价值观，形成尊重自然、热爱自然、善待自然的良好文化氛围，建立有利于环境保护、生态发展的文化体系，充分发挥文化对人们潜移默化的影响作用。

三、服务生态新农村——民间信仰当代价值的整合与延伸

建设社会主义新农村，具有深刻的科学内涵、鲜明的时代特征。“生产发展、生活宽裕、乡风文明、村容整洁、管理民主”二十字方针，体现了经济建设、政治建设、文化建设、社会建设和生态建设五位一体的发展策略。生态文明理念下的新农村建设同样包含经济、政治、文化、社会和生态建设等层面的全部内容，二者相辅相成、密不可分。我国的民间信仰根基深厚、影响广泛，尤其在农村中有广泛的群众基础，得到民众普遍的认可，几乎等同于农民信仰。如何将民间信仰的有益成分与生态文明新农村建设结合起来，使之更好地发挥社会整合与凝聚功能，服从和服务于社会主义新农村建设是当前亟待解决的一个重要课题。

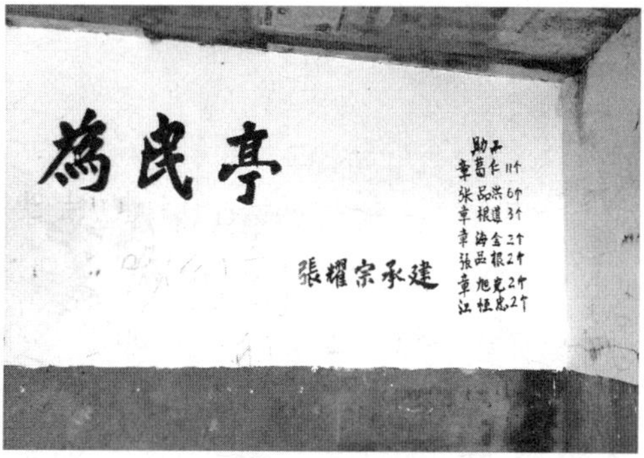

1. 民间信仰中生态意识的社会价值

中国民间信仰中的生态意识主要以两种形式传承于民间民众的生活中：一是将自然万物神圣化，把它们列入禁区，用宗教信仰的力量来震慑民众，对他们造成心理上的恐惧感和敬畏心理，用比较隐性的方式传承其中的生态意识；另一种是利用民间法规的约束力，制定出一系列指导、教育甚至惩戒人们的条约措施来明确制约民众的行为，以此保护自己的生存空间。这些生态意识发生于各民族、各区域群体所处的自然环境，反过来，也对当地的环境产生了一定的影响，使之更加适合于民间民众的居住和发展。同时，在客

观上也起到了保护自然、维护生态平衡、促进生态恢复的作用。

民间信仰作为传统民间文化的一个重要组成部分，其丰富的文化资源还具有开发利用的特殊价值，是中华民族的宝贵资源。伴随着“以经济建设为中心”的基本国策，目前在很多地方，中国政府已经将“着力开发利用当地旅游文化资源，带动旅游经济发展”作为本地发展经济的重要手段和途径。比如，国内很多地方都已经将民间的寺庙列为当地的“主要景点”和“文化遗产”，引导人们参观民间信仰文化的崇拜场所，如浙江缙云的黄帝祠、青田的清真禅寺等。同时，在浙西南畲族地区也围绕本民族的民俗文化相继建起了民族村、民俗村。这些民族村、民俗村的建立既使游客了解了当地特有的民俗文化，也展示了蕴藏在其中的生态资源，使人们在欣赏少数民族的民间信仰风情时，也观赏到了美丽的自然环境。然而，旅游对民间信仰文化尤其是生态文化的保护具有负面的影响，伴随着旅游而来的是强劲的商品经济的冲击，淳朴的民风、文化的纯真以及美丽的自然风景都受到了严重的侵蚀甚至破坏。因此，我们在大力发展旅游经济的同时，必须弘扬民间信仰文化中的生态意识来对文化生态进行保护。旅游和保护是对立统一的关系，文化生态保护保存得好，旅游便有了好的资源，就能吸引游客来旅游观光，经济效益好，又可为更好更有效地保护世代传承的民间信仰习俗与生态环境提供必要的资金和物质条件。

21 世纪人类将进入整体觉醒时代，当然更是环境觉醒的世纪。面对地球生态环境危机，人类已经开始进行生存策略的调整和改变，这是一次席卷全球的涉及人类生活的各个层面的根本转变。德国哲学家海德格尔当年曾借用诗人荷尔德林的诗“人诗意地安居在大地上”，提出了“诗意地安居”这一哲学命题。海德格尔反复强调，安居的根本特征就是这种保护，它遍布安居的整个领域。人类以拯救大地的方式安居，但拯救并不是把某物从危险中拉出来。拯救的真正含义，是把某个自然之物置于它的本质中，远非利用自然，把自然盘剥殆尽。哲学大师的话令人警醒，人类生存策略的调整和改变应该突出在地球上“诗意地安居”与“保护”的主题。[①] 作为民俗文化重要构成的民间信仰虽然是出于功利性的目的，但是也

在客观上起到了保护自然、维护生态平衡、促进生态恢复的作用。因此，要想更有效地保护和改善人类生活的生态环境，我们必须挖掘中国传统民间信仰文化中早已蕴藏却被长期忽视的生态意识，引导和敦促现代社会民众摒弃破坏生态环境的陋俗，调整自己的观念与行为，与自然融为一体，达到一种生态境界，将人类已经失落的“诗意”重新引回生活之中。诗意地生存是一种“低物质能量的高层次运转”，诗意地安居是对生态文明的热切向往和呼唤。我们有理由相信，现代科学与传统民俗文化精髓的互相渗透与融合，必将使人类居住的这个蓝色星球拥有一个更加纯净、美好的明天。

① 郭永平：《诗意的栖居——〈山林·人·文化——辽北山区生态民俗与可持续发展研究〉评述》，《民俗研究》2009 年第 2 期。

2. 民间信仰服务生态新农村建设的价值体现

（1）道德感化，提升农村民众精神品格。

“中国乡村社会的基层结构是差序格局，是一个一根根私人联系所构成的网络。这个网络的每一个结都附着一个道德要素。”①民间信仰属于多神信仰，既有从远古时代延续下来的，也有各朝各代不断创新的。民间信仰中的造神运动，延续了中国传统文化中“祖有功、崇有德”的精神，通过将现实生活中“立德、立言、立功”的文化英雄神化为超自然、超人间的神明并加以崇拜，在某种程度上使一时一地的文化英雄（如关羽、妈祖、吴真人、鲁义姑等）及其所代表的精神和人格超越了时空的界限而变得永恒。这种神化的精神和人格含有许多精深的人生哲理与社会价值观，对普通信众会产生较强的引导和感化作用。

中华文化中的诸多优良传统和积极思想因素，如“博施于民而济众”、“仁者爱人”、“救人于危难”、“护国庇民”、“天下为公”、“唯用一好心”等都可以在民间信仰中体现出来。圣贤们“匡扶正义”、“见义勇为”、“助人为乐”等美德对民众为人处世的取向起到了潜移默化的作用，各种神灵“惩恶扬善”的无边法力，也时时警戒人们要恪守纲常名教。而民间神话传说以及文化精神、神格魅力主要靠的是口头和行为传承以代代相传延续至今，这在千年的传承道路上本身就是一种潜移默化的教育。如民间传说及《三国演义》中的关羽，基本上是百姓理想的化身。正直威严、不为财色利诱、立场坚定、忠于友谊、知恩报恩、见义勇为，成为民族审美理想的寄托。在鲁西，鲁义姑扮演着双重角色：其一，作为世俗角色，她“舍身救侄”的故事可谓家喻户晓，对民众的为人处世起到

---

① 费孝通：《乡土中国》，上海人民出版社2006年版，第26页。

了潜移默化的影响作用；其二，作为法力无边的神，她“惩恶扬善”，时时警戒人们要恪守纲常名教。再如，妈祖信仰折射出的“仁爱”既是人际关系的准则要求，也是一种有道德的行为规范要求。

（2）社会整合，增强农村社会凝聚力。

民间信仰作为一种社会整合的力量，不仅可以起到纵向的历史联系，同时还可以将处于不同时空的社会成员联系到一起。相对于现代制度化的社会控制而言，这种基于非正式规则基础之上的软约束力量也是非常强大的。在中国农村社会中，政府正式权力一般都离民众比较远，政治辐射力较弱，因而，民间力量成为维系农村社会秩序的一股重要力量。民众依靠约定俗成的习惯或制定的村规民约来规范自己的行为，实施必要的乡村控制。民间信仰中拥有无穷法力的各种神灵在乡村控制中扮演了重要的角色，对规范民众行为、维持社会秩序和加强各地的协调发挥了重要的作用。

民间信仰的社会整合功能还体现在它能够为社会转型提供认同的基础。现存的某些新的方面必须被卷入到传统意义的世界中，而传统也必须为新的社会成员及其世界所理解。显然，群体的维系不仅是通过保留系统，还要通过对传统的再确定来实现。认同涉及一个国家、区域民众最为珍贵的价值观、生活方式以及传统是否能传承下去，而且这些认同通常是一个国家或区域世代相传的。由于民间信仰历史悠久，因而成为今天和未来生活必不可少的组成部分。民间信仰的社会整合功能可以为社会转型提供认同的基础，这种基础减缓了社会转型带来的风险、震荡和不确定性。这意味着，民间信仰是社会良性运转的非正式制度保障，它所发挥的作用与众多的制度保障是同样的。某种意义上说，它“是每一个中国人的心灵组带，是任何武力、行政力量不能相比的”①。

（3）精神维系，促进农村生活和谐有序。

古代的中国农村尤其是偏远山区自然灾害多发，战火不断，匪盗猖獗，处于动荡不已之生活状况中的绝大多数民众常常是苦苦地挣扎，默默地忍受苦痛，企盼生活能够出现转机。因此，他们在物质生活极端匮乏、生命财产得不到保障的同时，更迫切需要精神上的慰藉。信奉、祈求救苦救难、大慈大悲的各种神灵，便成为民众能够生存下去的精神支柱和获得美好生活的寄托。

在今天，民间信仰的精神维系功能仍然不能忽视。信众常常通过节庆、祭祀仪式等活动表述自己的心理倾向，一方面是娱神，另一方面是娱人，既调适人的生活和心理，又使社会生活和谐有序。比如，信仰妈祖的信徒们大多是寄幻想于妈祖，希望通过香火的缭绕诉说心里的希望，并求得妈祖的庇佑，从而在心理上获得一种依赖、补偿和平衡，增强克敌制胜的信心与勇气，转变生活态度，追求更积极、更健康、更美好的东西。在鲁西，救苦救难、大慈大悲的鲁义姑，便成为民众能够生存下去的精神支柱和获得美好生活的希望。在江浙，民间祭祀关羽，经过 1 700 多年的演变，将关羽升格为具有多元化的神明，并形成了独特的关帝文化。在浙西南，历代菇民为纪念香菇鼻祖吴三公而集资兴建了松源殿（又称吴判府

---

① 郭春梅：《当代中国社会的传统民间信仰》，《沧桑》2005 年第 1 期。

殿)，每年三月十七日和七月十七日至十九日为浙西南地区菇民朝拜菇神的进香期，云集各方山货，举行戏剧表演，宣扬菇民民俗文化。

此外，在许多乡村，民间信仰不仅丰富了部分文化娱乐活动，还成为促进各地经济对外联系的平台之一。大规模的经济活动中往往可以看到民间文化的身影，民间信仰的活动场所成为乡村开展文化经贸活动的重要场所，对传承文化、发展经济起到了促进作用。

3. 民间信仰当代价值得以实现的必要条件

“历史经验表明，对民间信仰和民俗文化引导、管理得当，注意尊重和保护民众的健康信仰和文化权益，社会就会和谐稳定，凝聚力、向心力增强；反之，就会激化矛盾，造成社会冲突，甚至动荡不安。”“生产发展、生活宽裕、乡风文明、村容整洁、管理民主”二十个字，描绘出了一幅新农村的美好蓝图，其中一个重要内容就是要在农村广泛开展塑造新风貌活动，使农民的思想道德、科学文化水平、民主法制观念在潜移默化中得到提高，创建群众性精神文明活动，建设和谐家庭、和谐村组、和谐村镇，不断增强村民自我管理、自我服务、自我教育、自我发展的能力。显然，如何将民间信仰的有益内容与当前的社会主义新农村建设结合起来，使之更好地发挥社会凝聚功能，为建设社会主义新农村服务，是一个亟待解决的课题。

民间信仰对于加强对民众的道德教化，加强地区间的文化、经济联系和促进地区经济的发展以及深化传统文化的研究等方面有着重要的作用。然而，我们也应看到，民间信仰具有一定的荒谬性、盲目性、欺骗性。如果疏于对民间信仰的管理，放任自流，就极易产生极其严重的后果：首先，民间信仰的活动随意性较大，因而极易被坏人钻空子，进而危害民众的生命财产安全，扰乱社会治安；

其次，民间信仰参与面广，极易导致封建迷信活动的泛滥，助长社会不良风气。

我们应该努力剔除民间信仰中的消极、落后因素，发挥其在现代社会中的有益作用，并进行正确的管理和引导，增加和谐因素、减少不和谐因素，使之服从和服务于生态新农村建设。为此，笔者在专家学者研究和有关地方探索实践的基础上，提出以下几点对策：

第一，坚持以社会主义核心价值体系为根本，引导广大信众加快生产发展。

社会主义新农村建设是一项伟大而繁重的任务，需要调动一切可以调动的因素，团结一切可以团结的力量。在广大信众中，蕴藏着极大的建设社会主义新农村的积极因素，是建设社会主义新农村的一支非常重要的力量。生产发展是建设社会主义新农村的首要任务，发展农村经济，要靠农村广大群众包括广大信众在内的所有民众的共同努力和创造。

在农村，建设社会主义核心价值体系：一要引领民众的思想道德建设，引领农村广大民众树立科学的世界观、人生观、价值观和社会主义共同理想信念，努力践行社会主义荣辱观，养成文明健康的生活方式，努力在农村社会形成知荣辱、讲正气、促和谐的良好风尚，促进农民群众自我管理、自我约束、弘扬正气、抵制歪风；二要充分调动农村信仰者的积极性，引导他们为加快生产发展服务，

激发和调动广大信众建设社会主义新农村的积极性、创造性，引导他们树立艰苦奋斗的致富观，明白供奉财神不是等待命运的垂青，而是要将美好的愿望与勤劳加科学的致富观结合起来，通过自己的努力发展生产，创造财富，建设美好生活。

第二，加强对民间信仰事务的管理，避免放任自流。

首先，从管理体制方面来看，主管部门要明确，责任要落实，有必要把民间信仰工作管理职责明确落实到各地相关工作部门。具体而言，管理体制要理顺，可考虑以一个部门为主，多个部门（如统战、宣传、公安、规划、土地、建设、对台、旅游、文化、精神文明等有关部门）协调配合，建立分级分类、属地管理的原则。其次，要完善相关管理制度，对民间信仰进行科学管理，进一步规范民间信仰活动，避免放任自流。落实到管理措施方面：一是要严把审批关，明确未经审批不得新建、扩建民间信仰活动场所，坚决抑制滥建民间信仰庙宇之风；二是要进一步加强和规范民间信仰活动场所的内部管理，建立民主管理机构，建立健全规章制度，坚持财务、事务公开；三是要对民间信仰场所举办的大型活动进行管理和规范，明确责任；四是要尊重我国各民间信仰宫庙场所之间互相不隶属、相互独立的传统习惯；五是与境外交往中要坚持以我为主、为我所用、抵御渗透的原则。

此外，由于民间信仰情况复杂，实际工作中还需要分类指导，区别对待。比如，对于比较正规、成熟的民间信仰，同佛教、道教有深厚历史渊源关系，比较接近佛教、道教的，在自愿的原则下，可考虑分别归入佛教、道教，作为佛教、道教的一部分。对于大量的中间部分，要明确其民间信仰属性，由当地宗教工作部门参照对宗教的管理，进行分级分类、属地管理。又如，对巫婆、神汉把持搞迷信活动的，坚决予以取缔，对历史上已被明令取缔的，坚决不允许恢复，对在历史上已消失的或本地区不存在的，不必恢复和引进。特别是要警惕少数民间信仰异化为邪教，警惕少数民间信仰与宗族势力、黑社会势力结合，形成不稳定因素。

第三，挖掘民间信仰中的良风美俗，提升民间信仰的文化品格。

民间信仰作为非制度化宗教，相对于传统宗教，其规范性相对较弱，不确定性更加突出，同时又与民俗活动和封建迷信等相互掺杂。因此，更要重视对民间信仰进行必要的引导和规范，淘汰和抑制其迷信有害的内容，充分挖掘其中的积极因素。挖掘民间信仰中的有益成分，以发挥民间信仰的积极因素、减少消极影响，集中体现在两个方面：一是要努力挖掘民间信仰中的良风美俗，使之在弘扬中华民族传统美德、丰富民众精神文化生活方面发挥积极作用，对于民间信仰中的诸如黄帝、孔子、关羽、管仲等历史人物，可由相关部门组织编写真实的宣传材料，乃至组织祭祀活动，科学地阐释民间信仰所传承的文化精神，大力弘扬其中的积极意义，有效遏制当前民间信仰中存在的消极作用；二是彰

显民间信仰文化价值，提升民间信仰的文化品格，促进其实现功能转换，使之成为传播精神文化的有效载体，在此基础上，努力挖掘民间信仰中与时代精神相契合的文化内涵，并广泛宣传，使之深入人心，在民间信仰中形成强势地位。近年来，在全国许多地方开展了围绕某一民间信仰和民俗活动为中心的文化节，这些活动都取得了很好的作用，既提升了民间信仰的文化品格，又开发了民间信仰旅游资源，拓展了旅游市场，促进了当地经济的发展。

参考文献

[1] 江帆：《生态民俗学》，哈尔滨：黑龙江人民出版社 2003 年版。

[2] 陶立璠：《民俗学》，北京：学苑出版社 2003 年版。

[3] 钟敬文：《民俗学概论》，上海：上海文艺出版社 1998 年版。

[4] 王娟：《民俗学概论》，北京：北京大学出版社 2002 年版。

[5] 庄孔韶：《人类学通论》，太原：山西教育出版社 2004 年版。

[6] 乌丙安：《中国民间信仰》，上海：上海人民出版社 1996 年版。

[7] 乌丙安：《中国民俗学》，沈阳：辽宁大学出版社 1999 年版。

[8] 陈勤建：《文艺民俗学导论》，上海：上海文艺出版社 1991 年版。

[9] 安德明：《天人之际的非常对话》，北京：中国社会科学出版社 2003 年版。

[10] 王献忠：《中国民俗文化与现代文明》，北京：中国书店出版社 1991 年版。

[11] 叶涛、吴存浩：《民俗学导论》，济南：山东教育出版社

2002 年版。

［12］牛军：《云南少数民族宗教文化与审美》，北京：中国社会科学出版社 2002 年版。

［13］［奥］弗洛伊德著，杨庸一译：《图腾与禁忌》，北京：中国民间文艺出版社 1986 年版。

［14］［英］马林诺夫斯基著，李安宅译：《巫术科学宗教与神话》，北京：北京文艺出版社 1986 年版。

［15］甘满堂：《村庙与社区公共生活》，北京：社会科学文献出版社 2007 年版。

［16］范荧：《上海民间信仰研究》，上海：上海人民出版社 2006 年版。

［17］马书田：《中国俗神》，北京：团结出版社 2007 年版。

［18］戴康生、彭耀：《宗教社会学》，北京：社会科学文献出版社 2007 年版。

［19］吴文裘：《处州乡土史》，北京：中国档案出版社 2008 年版。

［19］姜春云：《跨入生态文明新时代》，《绿色中国》2009 年第 11 期。

［20］张光义：《谈谈生态文明的基本特征》，http：//eelib. zslib. com. cn/showarticle. asp？ id = 3950。

［21］张健：《东山瑶民俗文化中的生态适应及生态意识》，广西师范大学硕士学位论文，2005 年。

［22］令昕陇：《中国民间信仰中的生态意识》，兰州大学硕士学位论文，2007 年。

［23］万建中：《论民间禁忌的功能》，《民间文化论坛》2004 年第 3 期。

[24] 鲍小会：《先民的自然崇拜与生态意识的萌芽》，《上海青年管理干部学院学报》2003 年第 4 期。

[25] 王正平：《深生态学：一种新的环境价值理念》，《上海师范大学学报》（哲学社会科学版）2000 年第 4 期。

[26] 陆群：《宗教生态旅游：西部旅游业可持续发展的新思路》，《吉首大学学报》（社会科学版）2001 年第 2 期。

[25] 张祝平：《论社会主义新农村建设中的民间信仰问题》，《湖北社会科学》2008 年第 3 期。

[26] 丽水市人民政府：《丽水市生态文明建设纲要（2008—2020）》，2008 年。

[27] 中共丽水市委：《关于加快绿谷文化建设的决定》，2005 年。

[28] 浙江在线－浙江通志，http：//tz. zjol. com. cn/。

[29] 丽水文史，http：//ls323000. blog. sohu. com/。

[30] 丽水市政府网，http：//www. lishui. gov. cn/。

[31] 丽水旅游网，http：//lyj. lishui. gov. cn/。

后　记

生态环境是人类社会与民族存在和发展永恒的物质前提，人类在生产、生活的同时创造出相应的适应其生存的自然环境的文化，民俗文化中的民间信仰就是其中的一部分。特定的生态环境生成了特定的民俗文化，因此在其中必然涉及民众对于人与自然关系的认识，虽然这是一种自发的、朴素的生态意识，但在民俗传承中有意无意地保留了这种意识。在推进生态文明建设的伟大进程中，浙西南有其得天独厚的自然资源优势；同时，浙西南是好川文化的发祥地，历史悠久，民风淳朴，孕育和传承了丰厚的包括民间信仰文化在内的人类文明。

民间信仰因不是国家法定的五大宗教之一，长期游走于国家政策和法律的边缘。有些人将民间信仰视为一种“低级信仰”，认为其“愚昧落后”，是“封建迷信”，这种观点曾一度成为主导性力量影响社会认知。然而，民间信仰毕竟根植于中国乡土社会数千年，在我国有着悠久的历史渊源和深厚的社会基础。在传统农业社会中，民间信仰是普通百姓精神生活的重要组成部分，无论是其中的信仰习俗还是民间法规，都传承着亲近自然、崇奉万物、敬畏生灵、维护生态平衡的朴素自然观念，使得“朴素的生态环境保护意识以乡村社会民俗活动为载体”，历久弥新，世代传承。

因而，正确看待民间信仰问题，充分吸收民间信仰文化中蕴含的生态内质，呼唤广大民众的生态自觉，为生态文明建设和新农村建设提供精神动力，这应该是传承人类文明的应有之意。

本书是笔者主持的浙江省哲学社会科学规划常规课题研究成果之一。在开展课题研究的过程中，笔者利用教学和行政工作之余，深入浙西南乡村和民众之中，走村入户开展了广泛的田野调查，收集了大量的一手资料，同时也使笔者对浙西南地区的民间信仰和民俗文化以及广大乡村民众对民间信仰文化的依赖性有了更深刻的认识。其间，笔者在《中国民族报》、《广西民族研究》、《福建论坛》、《湖北社会科学》等报刊上发表了系列相关研究成果，这些都为本书的最终完成打下了坚实的基础。

当然，由于课题研究时间较紧，传统民间信仰文化丰富而现存史料匮乏，加之笔者的专业水平和认知能力有限，书中难免会有不足之处，甚至会有不妥当的地方。本书的种种缺陷希望能得到读者和专家们的坦率批评和指正，以期改正和完善。

书中有部分资料图片来自正史、方志，有的转引自地方政府网站，因受本书体例限制，未能逐一标明，特此说明。在写作过程中，笔者也参考了有关部门提供的资料以及一些国内外民俗学知名专家和地方民俗学者、史志专家的文章和观点，在此深表谢意。本书的写作和完成也得到了浙江省杭州市、丽水市民族宗教事务局和地方志编纂委员会办公室有关同志的指导，得到了浙江省哲学社会科学规划办公室和杭州市社会科学院和丽水职业技术学院科研经费的支持，在此也一并致谢！

张祝平

2013 年 5 月